海上絲綢之路基本文獻叢書

譯語·袖海編

〔清〕佚名 編／〔清〕汪鵬 撰

文物出版社

圖書在版編目（CIP）數據

譯語 /（清）佚名編．袖海編 /（清）汪鵬撰．--
北京：文物出版社，2022.6
（海上絲綢之路基本文獻叢書）
ISBN 978-7-5010-7508-9

Ⅰ．①譯… ②袖… Ⅱ．①佚… ②汪… Ⅲ．①蒙古語（中國少數民族語言）－對照詞典②對照詞典－漢語、蒙古語（中國少數民族語言）③中日關係－國際關係史－研究－清代 Ⅳ．① H212.6 ② D829.313

中國版本圖書館 CIP 數據核字（2022）第 064994 號

海上絲綢之路基本文獻叢書

譯語・袖海編

著　　者：〔清〕佚名　〔清〕汪鵬
策　　划：盛世博閱（北京）文化有限責任公司

封面設計：鞏榮彪
責任編輯：劉永海
責任印製：張　麗

出版發行：文物出版社
社　　址：北京市東城區東直門內北小街 2 號樓
郵　　編：100007
網　　址：http://www.wenwu.com
郵　　箱：web@wenwu.com
經　　銷：新華書店
印　　刷：北京旺都印務有限公司
開　　本：787mm×1092mm　1/16
印　　張：13.375
版　　次：2022 年 6 月第 1 版
印　　次：2022 年 6 月第 1 次印刷
書　　號：ISBN 978-7-5010-7508-9
定　　價：94.00 圓

總緒

海上絲綢之路，一般意義上是指從秦漢至鴉片戰爭前中國與世界進行政治、經濟、文化交流的海上通道，主要分爲經由黄海、東海的海路最終抵達日本列島及朝鮮半島的東海航綫和以徐聞、合浦、廣州、泉州爲起點通往東南亞及印度洋地區的南海航綫。

在中國古代文獻中，最早、最詳細記載『海上絲綢之路』航綫的是東漢班固的《漢書·地理志》，詳細記載了西漢黄門譯長率領應募者入海『齎黄金雜繒而往』之事，書中所出現的地理記載與東南亞地區相關，并與實際的地理狀况基本相符。

東漢後，中國進入魏晉南北朝長達三百多年的分裂割據時期，絲路上的交往也走向低谷。這一時期的絲路交往，以法顯的西行最爲著名。法顯作爲從陸路西行到印度，再由海路回國的第一人，根據親身經歷所寫的《佛國記》（又稱《法顯傳》）一書，詳細介紹了古代中亞和印度、巴基斯坦、斯里蘭卡等地的歷史及風土人情，是瞭解和研究海陸絲綢之路的珍貴歷史資料。

隨着隋唐的統一，中國經濟重心的南移，中國與西方交通以海路爲主，海上絲綢之路進入大發展時期。廣州成爲唐朝最大的海外貿易中心，朝廷設立市舶司，專門管理海外貿易。唐代著名的地理學家賈耽（七三〇～八〇五年）的《皇華四達記》記載了從廣州通往阿拉伯地區的海上交通『廣州通夷道』，詳述了從廣州港出發，經越南、馬來半島、蘇門答臘半島至印度、錫蘭，直至波斯灣沿岸各國的航綫及沿途地區的方位、名稱、島礁、山川、民俗等。譯經大師義浄西行求法，將沿途見聞寫成著作《大唐西域求法高僧傳》，詳細記載了海上絲綢之路的發展變化，是我們瞭解絲綢之路不可多得的第一手資料。

宋代的造船技術和航海技術顯著提高，指南針廣泛應用於航海，中國商船的遠航能力大大提升。北宋徐兢的《宣和奉使高麗圖經》詳細記述了船舶製造、海洋地理和往來航綫，是研究宋代海外交通史、中朝友好關係史、中朝經濟文化交流史的重要文獻。南宋趙汝適《諸蕃志》記載，南海有五十三個國家和地區與南宋通商貿易，形成了通往日本、高麗、東南亞、印度、波斯、阿拉伯等地的『海上絲綢之路』。宋代爲了加强商貿往來，於北宋神宗元豐三年（一〇八〇年）頒佈了中國歷史上第一部海洋貿易管理條例《廣州市舶條法》，并稱爲宋代貿易管理的制度範本。

元朝在經濟上採用重商主義政策，鼓勵海外貿易，中國與歐洲的聯繫與交往非常頻繁，其中馬可·波羅、伊本·白圖泰等歐洲旅行家來到中國，留下了大量的旅行記，記録元代海上絲綢之路的盛况。元代的汪大淵兩次出海，撰寫出《島夷志略》一書，記録了二百多個國名和地名，其中不少首次見於中國著録，涉及的地理範圍東至菲律賓群島，西至非洲。這些都反映了元朝時中西經濟文化交流的豐富内容。

明、清政府先後多次實施海禁政策，海上絲綢之路的貿易逐漸衰落。但是從明永樂三年至明宣德八年的二十八年裏，鄭和率船隊七下西洋，先後到達的國家多達三十多個，在進行經貿交流的同時，也極大地促進了中外文化的交流，這些都詳見於《西洋蕃國志》《星槎勝覽》《瀛涯勝覽》等典籍中。

關於海上絲綢之路的文獻記述，除上述官員、學者、求法或傳教高僧以及旅行者的著作外，自《漢書》之後，歷代正史大都列有《地理志》《四夷傳》《西域傳》《外國傳》《蠻夷傳》《屬國傳》等篇章，加上唐宋以來衆多的典制類文獻、地方史志文獻，集中反映了歷代王朝對於周邊部族、政權以及西方世界的認識，都是關於海上絲綢之路的原始史料性文獻。

海上絲綢之路概念的形成，經歷了一個演變的過程。十九世紀七十年代德國地理學家費迪南・馮・李希霍芬（Ferdinad Von Richthofen，一八三三～一九〇五），在其《中國：親身旅行和研究成果》第三卷中首次把輸出中國絲綢的東西陸路稱爲『絲綢之路』。有『歐洲漢學泰斗』之稱的法國漢學家沙畹（Édouard Chavannes，一八六五～一九一八），在其一九〇三年著作的《西突厥史料》中提出『絲路有海陸兩道』，蘊涵了海上絲綢之路最初提法。迄今發現最早正式提出『海上絲綢之路』一詞的是日本考古學家三杉隆敏，他在一九六七年出版《中國瓷器之旅：探索海上的絲綢之路》中首次使用『海上絲綢之路』一詞；一九七九年三杉隆敏又出版了《海上絲綢之路》一書，其立意和出發點局限在東西方之間的陶瓷貿易與交流史。

二十世紀八十年代以來，在海外交通史研究中，『海上絲綢之路』一詞逐漸成爲中外學術界廣泛接受的概念。根據姚楠等人研究，饒宗頤先生是華人中最早提出『海上絲綢之路』的人，他的《海道之絲路與昆侖舶》正式提出『海上絲路』的稱謂。選堂先生評價海上絲綢之路是外交、貿易和文化交流作用的通道。此後，大陸學者馮蔚然在一九七八年編寫的《航運史話》中，使用『海上絲綢之路』一詞，這是迄今學界查到的中國大陸最早使用『海上絲綢之路』的人，更多地限於航海活動領域的考察。一九八〇年北京大學陳炎教授提出『海上絲綢之路』研究，并於一九八一年發表《略論海上絲綢之路》一文。他對海上絲綢之路的理解超越以往，且帶有濃厚的愛國主義思想。陳炎教授之後，從事研究海上絲綢之路的學者越來越多，尤其沿海港口城市向聯合國申請海上絲綢之路非物質文化遺産活動，將海上絲綢之路研究推向新高潮。另外，國家把建設『絲綢之路經濟帶』和『二十一世紀海上絲綢之路』作爲對外發展方針，將這一學術課題提升爲國家願景的高度，使海上絲綢之路形成超越學術進入政經層面的熱潮。

與海上絲綢之路學的萬千氣象相對應，海上絲綢之路文獻的整理工作仍顯滯後，遠遠跟不上突飛猛進的研究進展。二〇一八年厦門大學、中山大學等單位聯合發起『海上絲綢之路文獻集成』專案，尚在醖釀當中。我們不揣淺陋，深入調查，廣泛搜集，將有關海上絲綢之路的原始史料文獻和研究文獻，分爲風俗物産、雜史筆記、海防海事、典章檔案等六個類别，彙編成《海上絲綢之路歷史文化叢書》，於二〇二〇年影印出版。此輯面市以來，深受各大圖書館及相關研究者好評。爲讓更多的讀者親近古籍文獻，我們遴選出前編中的菁華，彙編成《海上絲綢之路基本文獻叢書》，以單行本影印出版，以饗讀者，以期爲讀者展現出一幅幅中外經濟文化交流的精美畫卷，爲海上絲綢之路的研究提供歷史借鑒，爲『二十一世紀海上絲綢之路』倡議構想的實踐做好歷史的詮釋和注脚，從而達到『以史爲鑒』『古爲今用』的目的。

凡例

一、本編注重史料的珍稀性，從《海上絲綢之路歷史文化叢書》中遴選出菁華，擬出版百册單行本。

二、本編所選之文獻，其編纂的年代下限至一九四九年。

三、本編排序無嚴格定式，所選之文獻篇幅以二百餘頁爲宜，以便讀者閱讀使用。

四、本編所選文獻，每種前皆注明版本、著者。

五、本編文獻皆爲影印，原始文本掃描之後經過修復處理，仍存原式，少數文獻由於原始底本欠佳，略有模糊之處，不影響閱讀使用。

六、本編原始底本非一時一地之出版物，原書裝幀、開本多有不同，本書彙編之後，統一爲十六開右翻本。

目録

譯語

譯語

〔清〕佚名 編

清袁氏貞節堂抄本

譯語

袁壽皆貞節堂寫本書鈔閣借

孫孫伯兄親家藏本録副已頡此奉歸

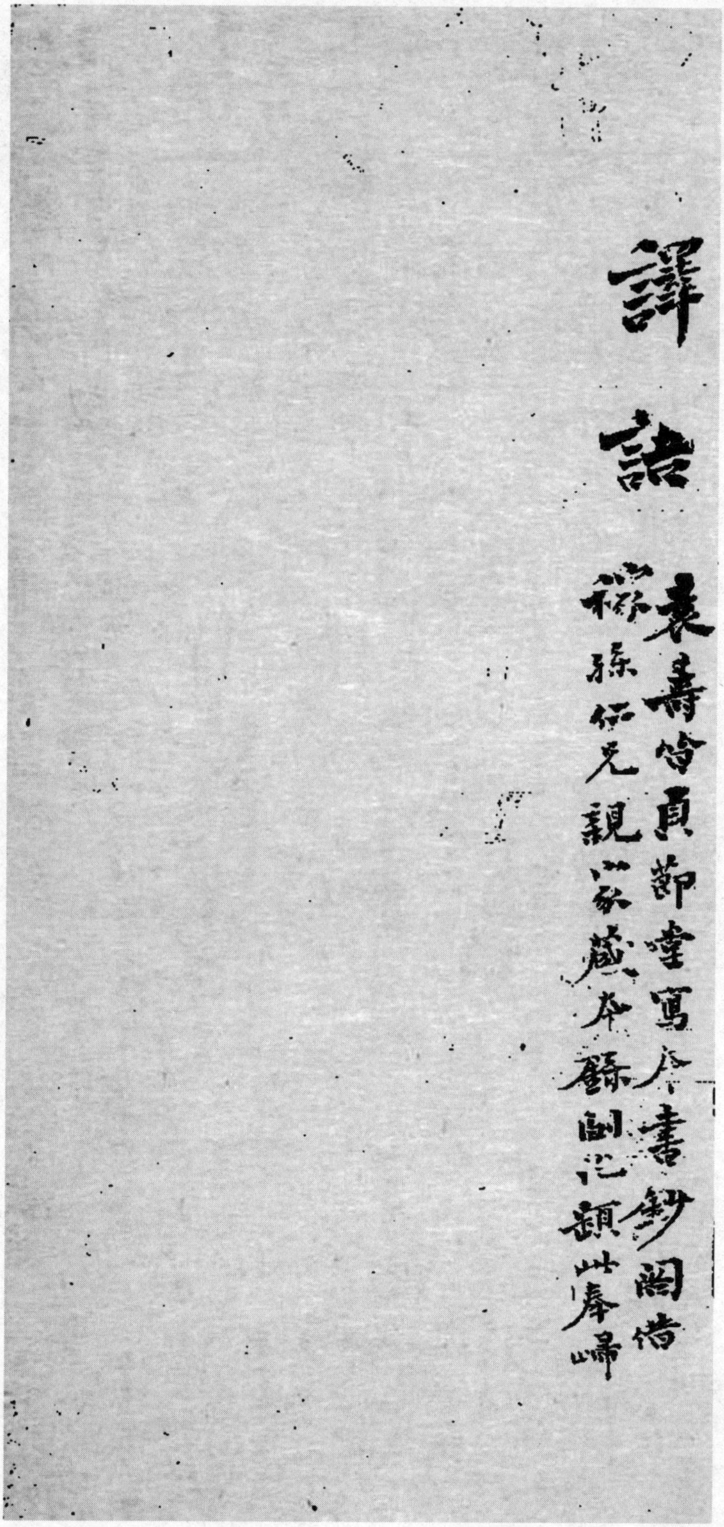

書史會要云元肇基朔方俗尚簡古刻木爲信猶結
繩也既而頗用北庭字書之羊革猶竹簡也及奄有
中原爰命巴思八土波國人采諸梵文創爲國字字之母
凡四十一□羣葛□溪渴一作洛□見呿□疑誐□麻者□穿闕一作車□照遮
□倪□定怛□透撻□端達□泥闕一作那□幫鉢□發□並末□明麻□精
拶□清擦一作擦□慈□微嚩□日若□耶薩□影阿□喻耶□囉□來羅一
作車□審設□心沙□訶□喻啞□伊□鄔□翳□汚□曉遐輕呼一作重
□匣霞□非敷法□惡□也□咼□耶輕呼右借漢字釋音並從
開口呼之漢字母內則去□□□三字而增入□□

□□喻四字切韻多本梵法或一母獨成一字或二三
母湊成一字如□天□地□人□東□西□南□北
之類是也但只一字具平上去三聲而無入聲入聲
輕呼則同平聲矣凡詔誥宣敕表牋並以書寫其書
右行其字方古嚴重　畏吾兒字雖有二十餘母除
重名外止有一十五音因此應聲代用者多矣一重
名之母者有上□□下□□□有頭□□腳□之□
□首□身□之底上□中□與下□一應聲代用
者□作□□并□□　□作□并代句中□□□

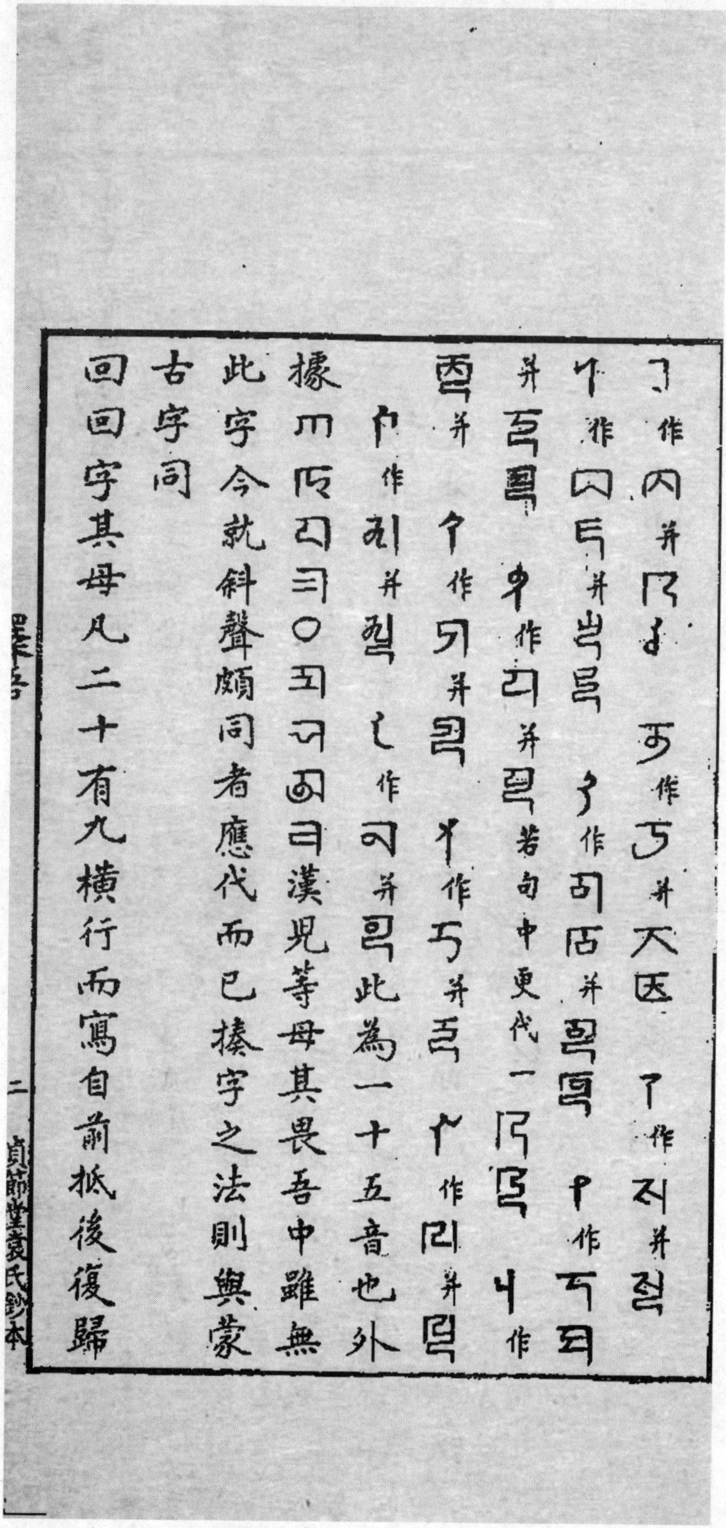

[illegible]作[illegible]并[illegible] [illegible]作[illegible]并[illegible] [illegible]作[illegible]并[illegible]
[illegible]作[illegible]并[illegible] [illegible]作[illegible]并[illegible] [illegible]作[illegible] [illegible]作
并[illegible] [illegible]作[illegible]并[illegible]若句中更代一[illegible]
[illegible]并 [illegible]作[illegible]并[illegible] [illegible]作[illegible]并[illegible] [illegible]作[illegible]并[illegible]
[illegible]作[illegible]并[illegible] [illegible]作[illegible]并[illegible]此為一十五音也外
據[illegible]○[illegible]漢兒等母其畏吾中雖無
此字今就斜聲頗同者應代而已揍字之法則與蒙
古字同
回回字其母凡二十有九横行而寫自前抵後復歸

四 二 貞節堂袁氏鈔本

于前

阿里夫　黑呼輕　斜　戴平聲　加喉音夫

蛙烏　别呼重　[illegible]呼重　昔呼重因　賽平聲

楷喉音夫　醯　鐵呼重　打呼重勒　昔因

阿因　藍　捺麻失里　些　查勒

沙　孩因　眉因　即　直寅

來台　查　廢平聲　奴

天竺字梵僧所作顏師古云西域僧能以十四字貫一切音文省而義廣謂之婆羅門書熙明云嘗覽竺二

典造書之主凡三字曰梵曰伽盧曰倉頡梵者光音天人也以梵天之書傳于印度其書右行伽盧剏書于西域其書左行皆以音韻相生而成字諸蕃之書悉其變也其季倉頡居中夏象諸物形而為文形聲相益以成字其書下行未知其說果何所據因而考之西方以音為母華夏以文為基諸國之風土語音既殊而文字遂亦各異泝流窮源其法似不出乎此三者也盖梵者不羅麻也合而言之為梵此云光音天也其字之母凡五十曰悉曇章此云能成諸義也

其中十六字爲轉聲之範三十四字爲五音之祖或一或二或三至于聮載互合而有輕重清濁非清非濁等聲其詳見于天竺字源

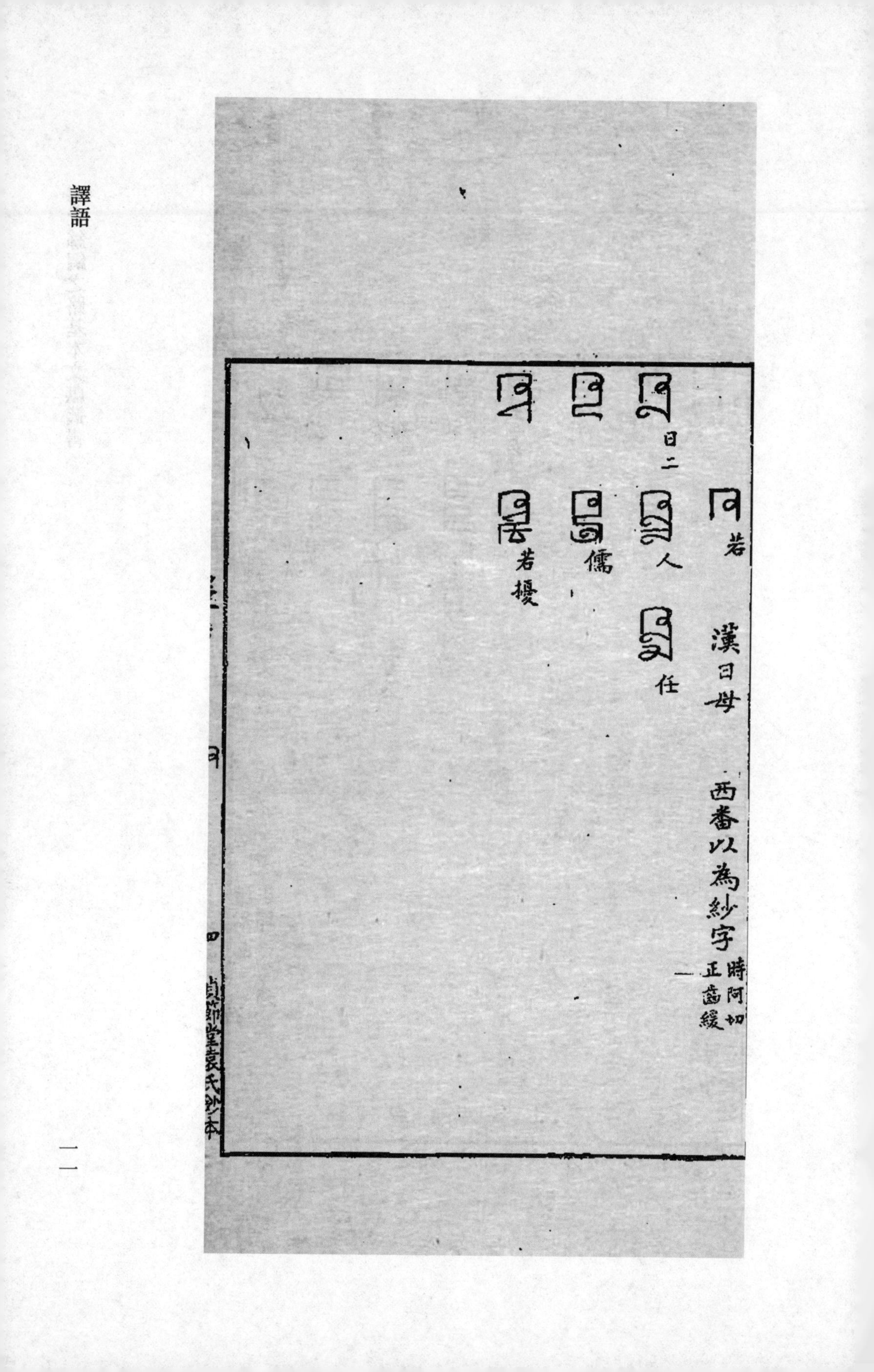

若 漢曰毋 西番以為紗字 時阿切 正齒緩

日二 人 任

儒

若擾

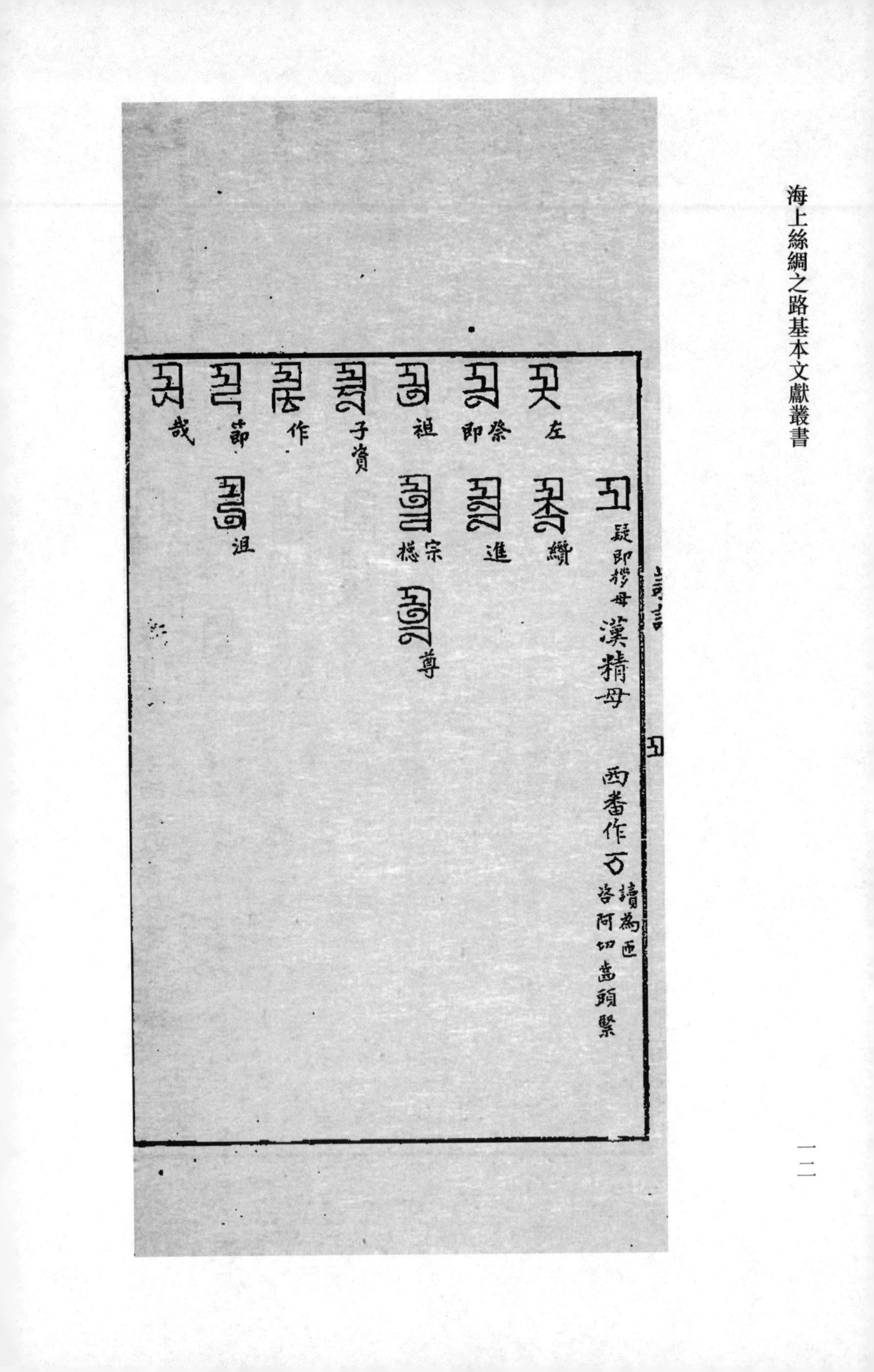

疑即椶母 漢精母 西番作 讀為匝 咨阿切 齒頭緊

左

纘

祭即

進

祖

宗揔

尊

子資

作

節

沮

哉

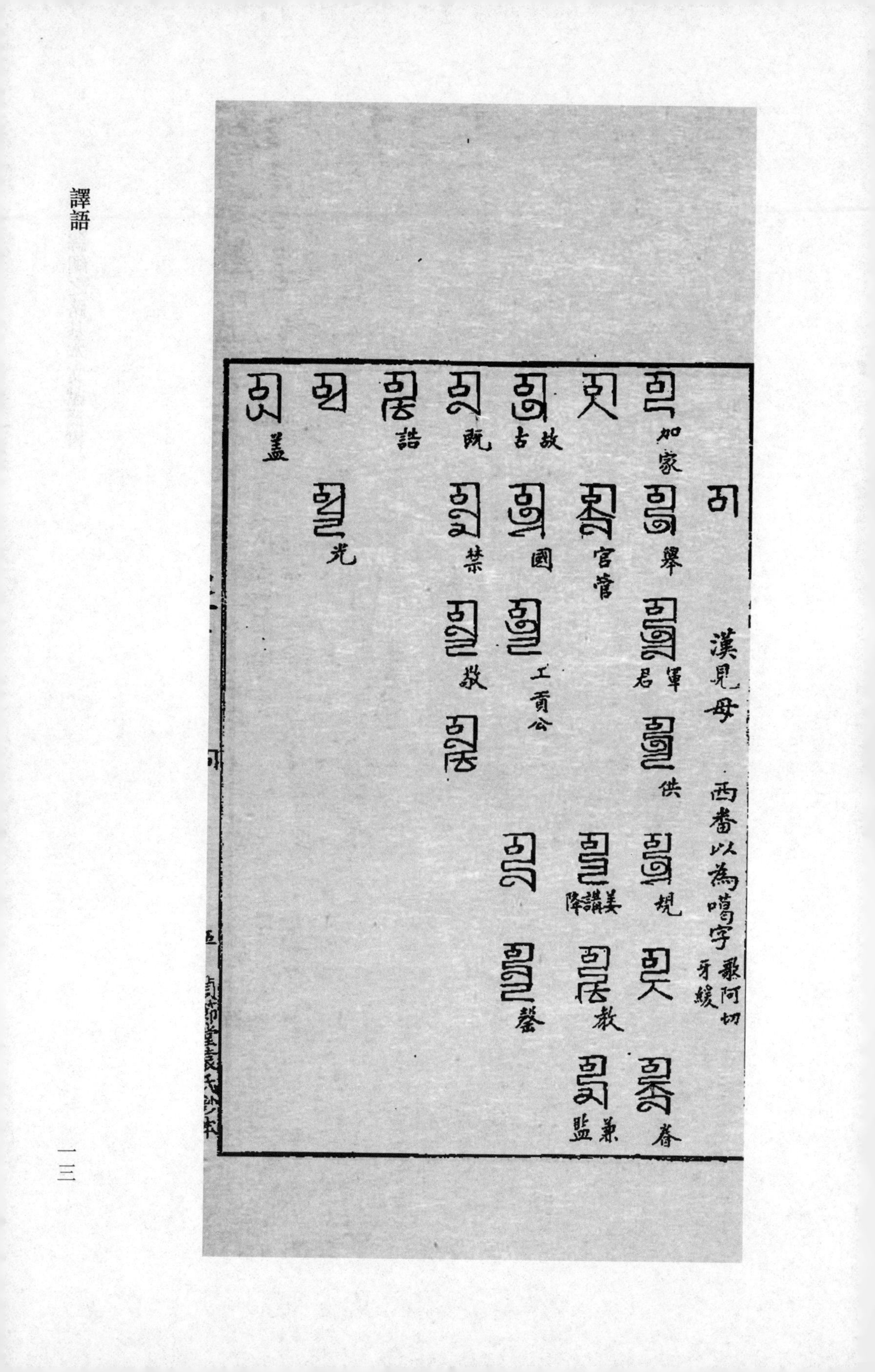

漢兒母　西番以為嘎字　歌阿切　牙緩

加家　舉　君軍　供　規　眷

官管　姜講降　教　兼監

故古　國　工貢公　罄

既　禁　敬

誥

光

蓋

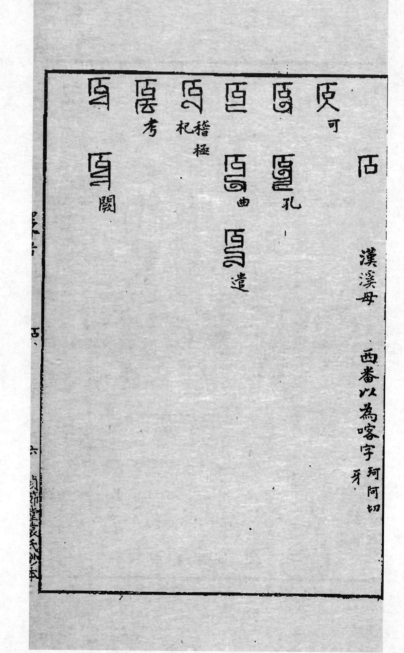

漢溪母 西番以為喀字 珂阿切 牙

可

孔

曲

遺

稽 杞 極

考

闕

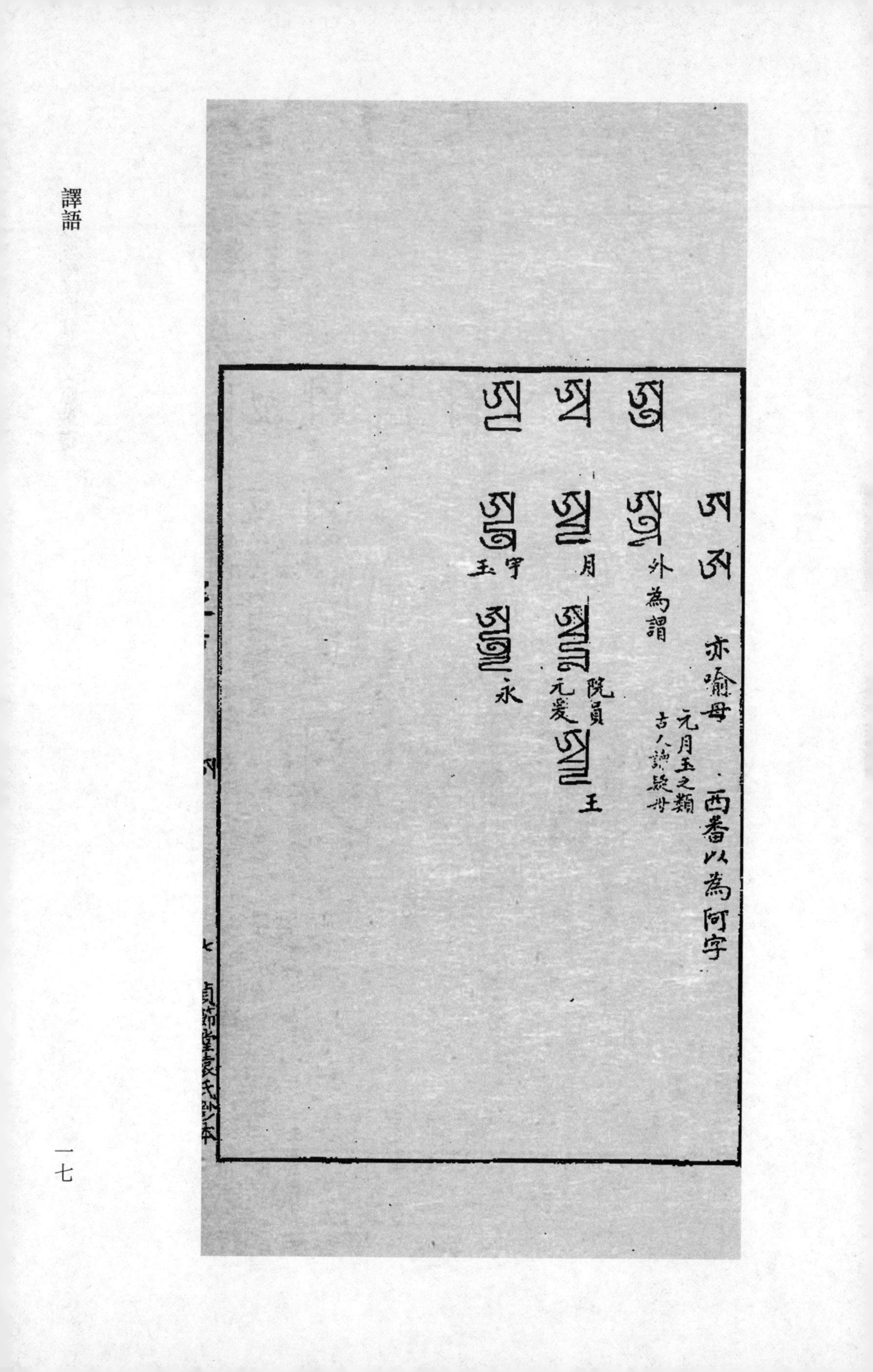

亦喻母 西番以爲阿字 元月玉之類 古人謂疑母

外爲謂

月 阮員 元爰 王

宇玉 永

貞節堂袁氏鈔本

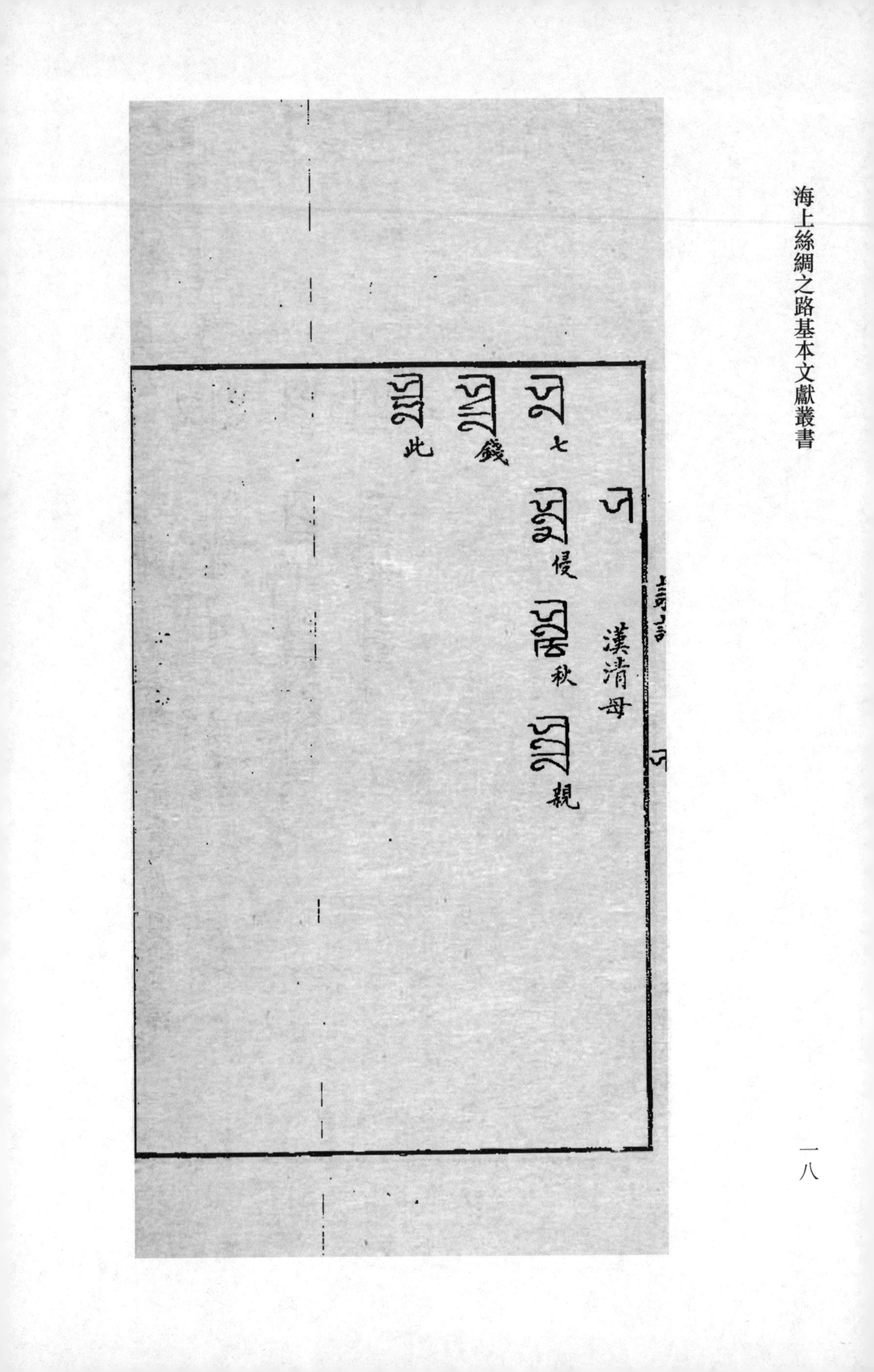

漢清母

七 侵 秋 親

錢

此

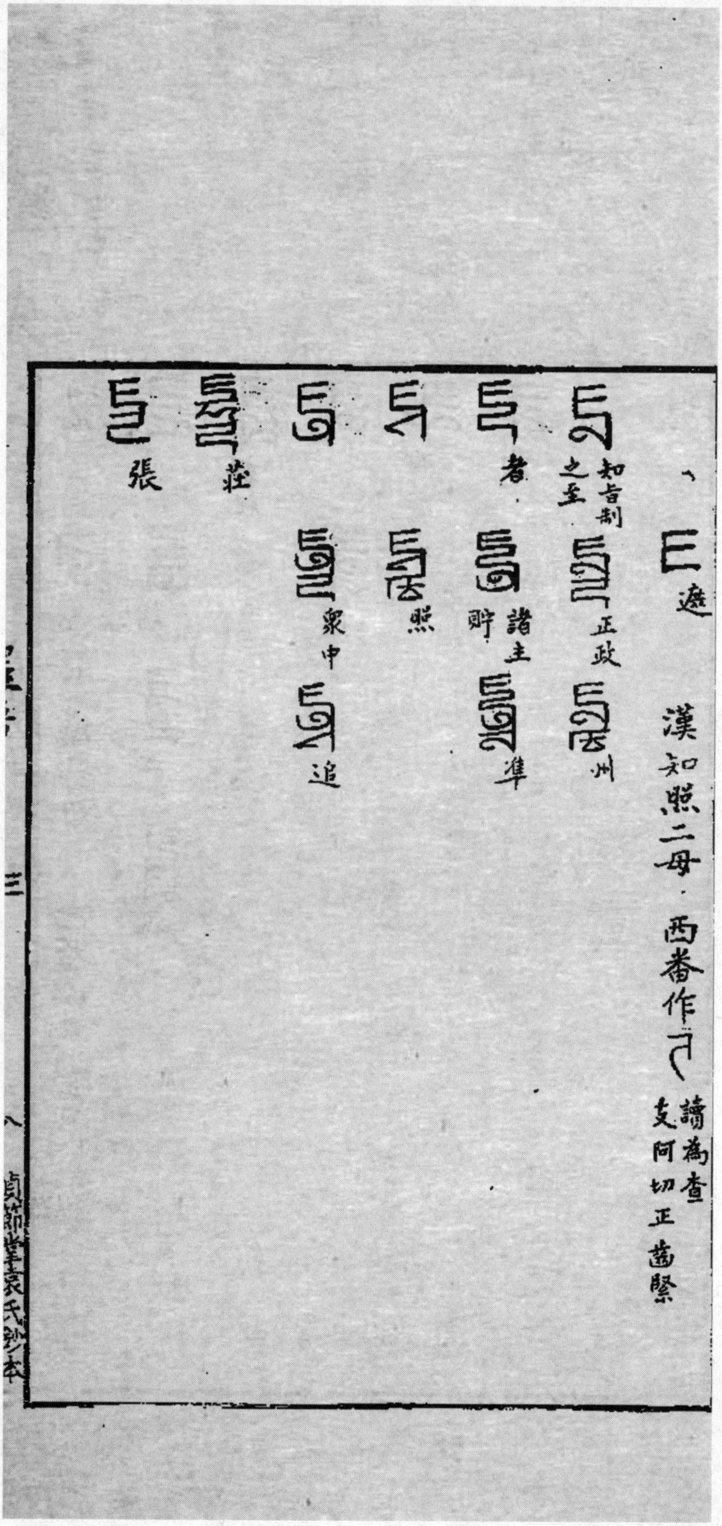

遮 漢知照二母 西番作 讀為查 支阿切正齒緊

知旨制之至 正政 州

者 諸主 𪘏 準

照

衆中 追

莊

張

三

貞節堂袁氏鈔本

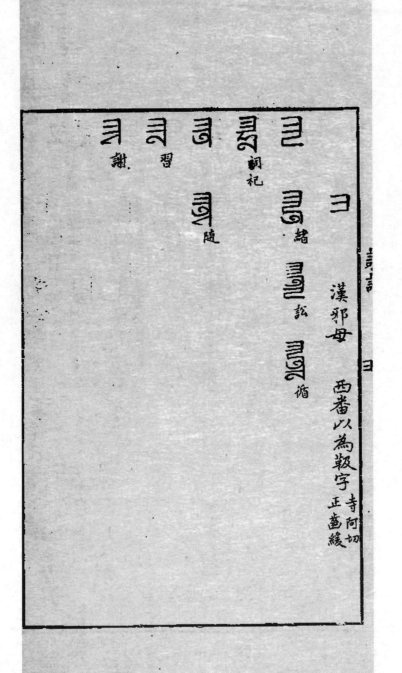

漢邪母 西番以為數字 寺阿切 正蓋綫

緒

訟

循

祠祀

隨

習

謝

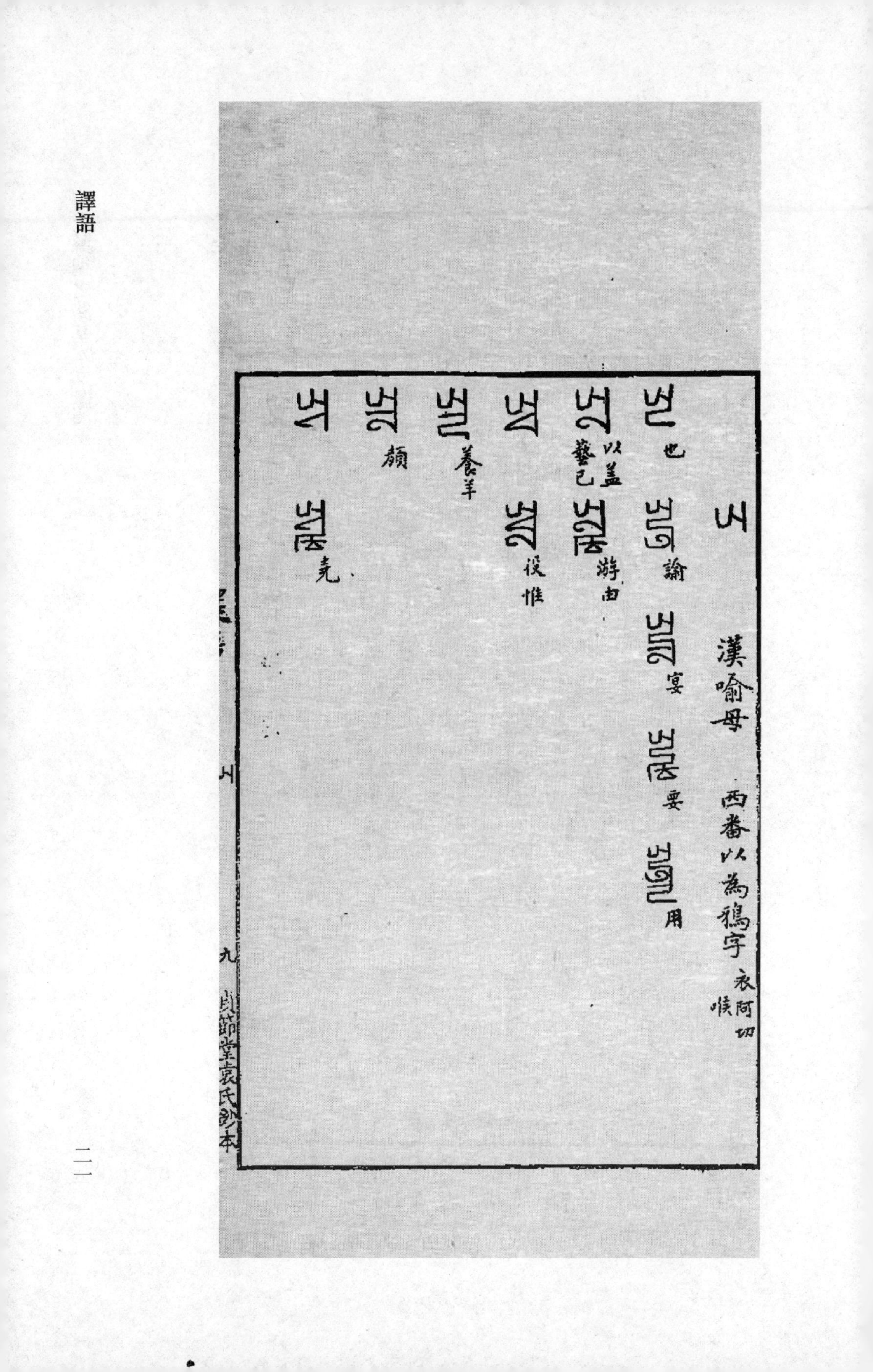

漢喻母　西番以為鴉字　衣阿切　喉

也　諭　宴　要　用

以益 藝已　游由

役惟

養羊

額

堯

漢從母 ཛ

ཛི 集齊

ཛྱུ 聚

ཛའུ 造

ཛཡ 材

ཛྲི 自

ཛིང 贈

ཛོ 祚

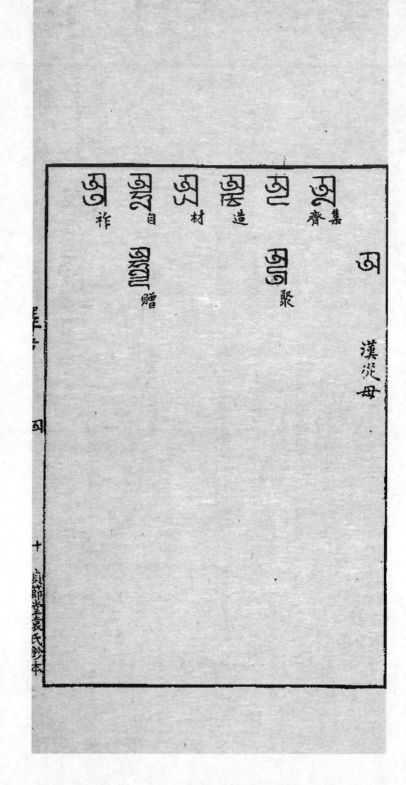

丏

五

剌　漢来母　西番作　讀如拉勒阿切半舌

力裒勵列　令　林廩　劉　龍

郎

老牢駱

祿路　雷

六　粮良

羅　欒

廉　隆　廖

来

漢並母 西番作口 讀如拔 舖阿切重脣緩

貧 平病

倫

伯

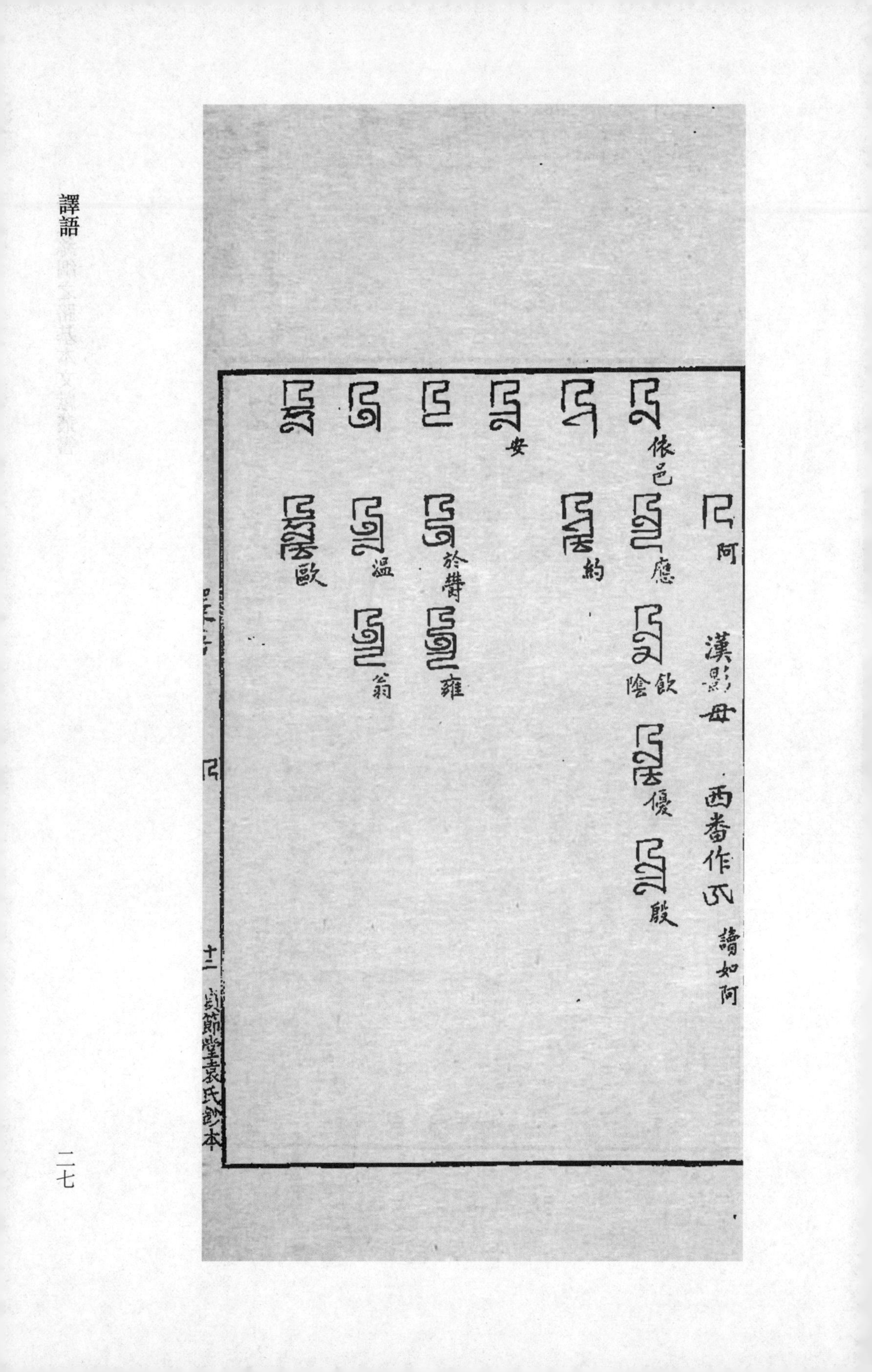

阿 漢影母 西番作 讀如阿

依邑 應 陰飲 優 殷

約

安 於瞢 雍

溫 翁

歐

十二 敬節堂袁氏鈔本

漢匣母

何合
皇
完

湖護
或
洪

号

杭

後

翰寒

淮壞

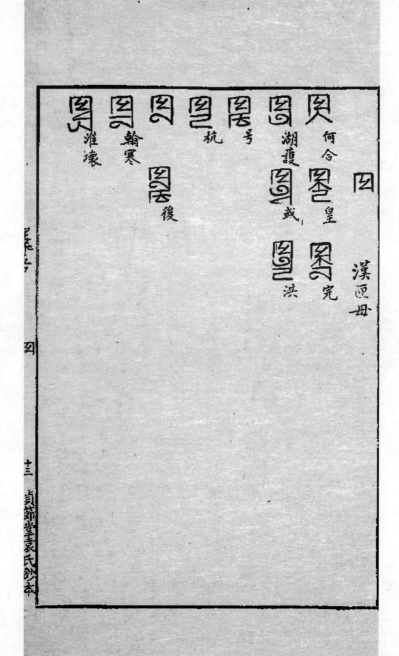

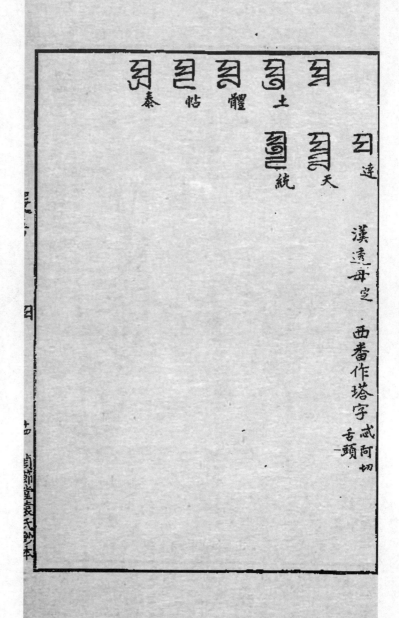

達

漢達母定

西番作塔字 忒阿切 舌頭

天 統

土 體 帖 泰

鉢

漢幫母

西番作口 讀為巳 遒阿切重脣緊

寶

卜

丕彼輩

本

百

波

妣畢

表

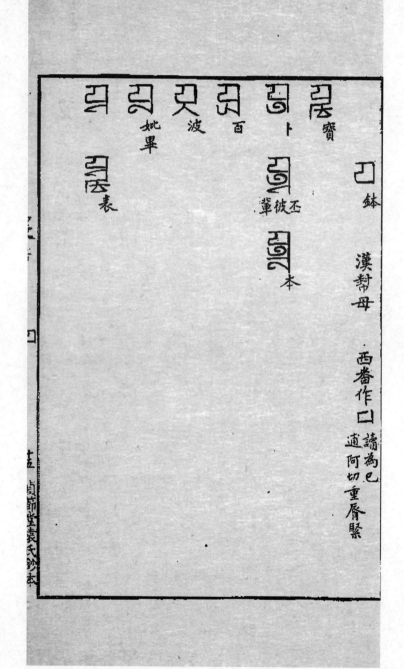

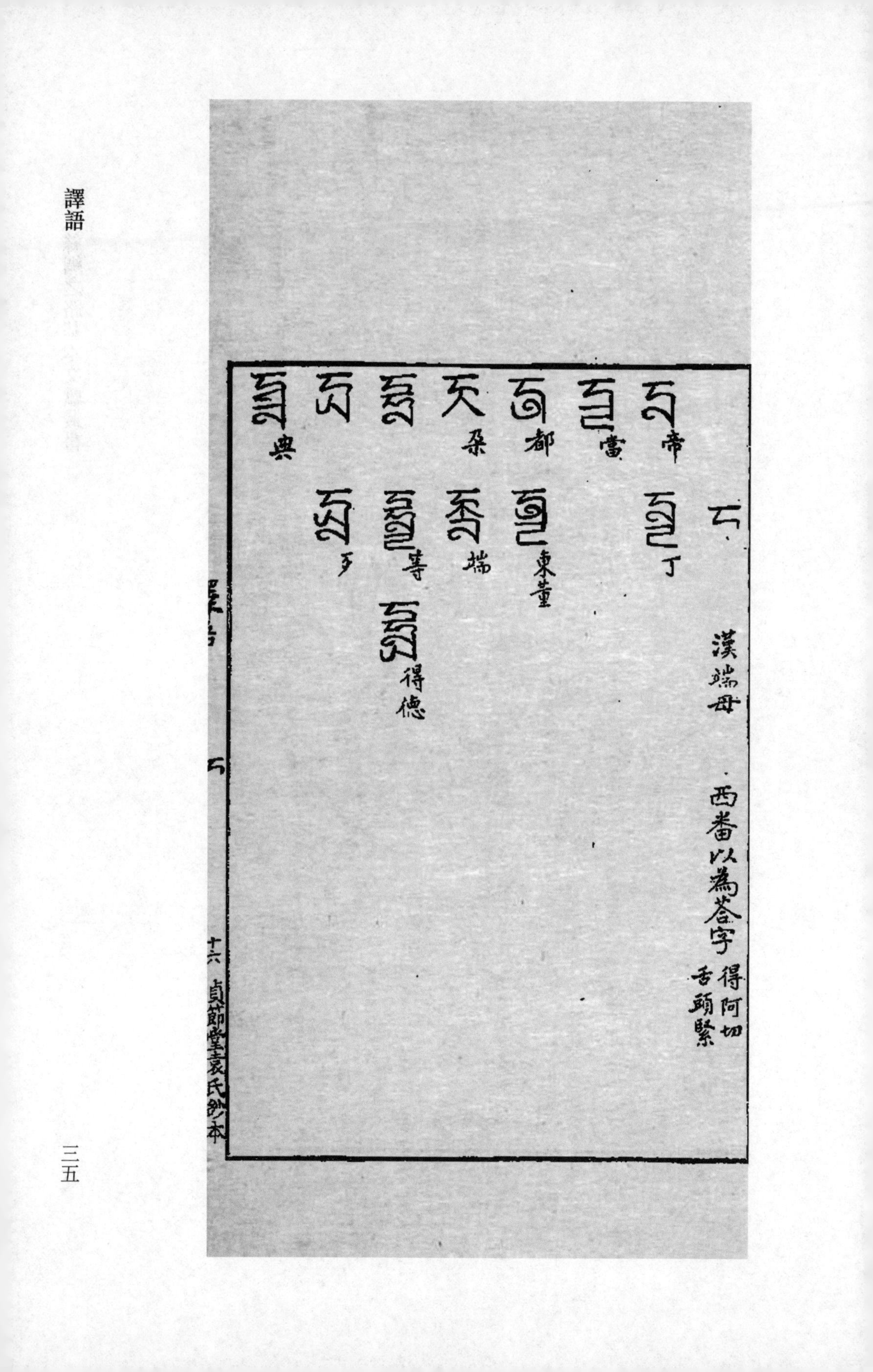

ད 漢端母 西番以為荅字 得阿切 舌頭緊

帝 丁

當

都 東董

朶 端

等 得德

多

典

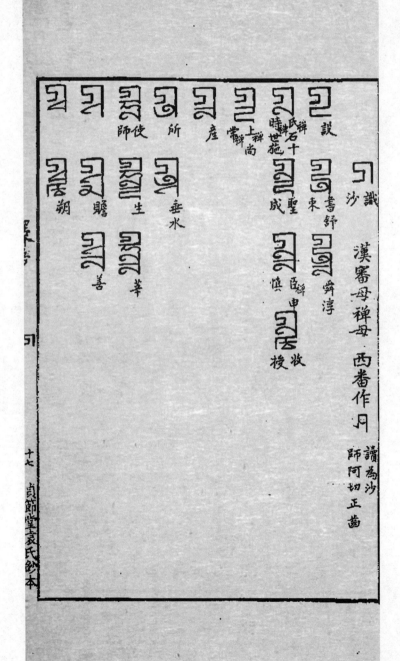

識 沙

漢審母禪母西番作 讀為沙師阿切正齒

設

書舒 束

舜淳

禪氏 禪時 石十 世施

聖成

禪臣 慎 申

收 授

禪上 禪常 尚

產

所

垂水

使師

生

華

朔

贍

善

ས 沙　漢心母　西番以為薩字 思阿切 蓋頭

སམ 三

སེམ 衮　སེའུ 蕭須 鄉　སེང 相　སེན 先

སི 錫　སིའུ 修

སུ 蘇　སུན 損

སྭེ

སྭ　སྭན 宣選

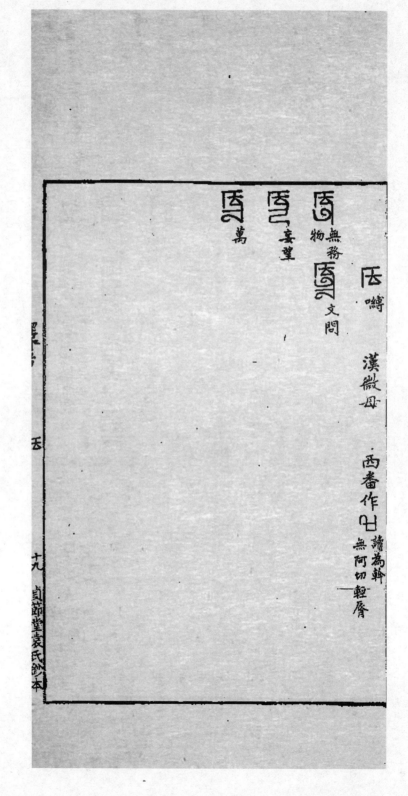

□ 嚩

漢微母

西番作□ 讀為斡 無阿切輕脣

□ 無務 物

□ 文問

□ 妄望

□ 萬

車 漢穿母 西番作西以為擦字 雌阿切 蓋頭

出樞處 春 起

勑

己 漢疑母 西番有己字 迎阿切 半鼻半喉

宜 議 有 右

我

業 嚴 言

仰

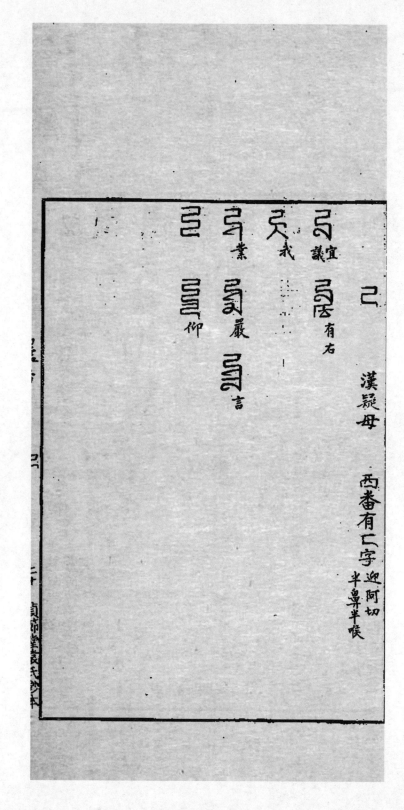

漢澄牀二母　西番作　讀如雜　資阿切　齒頭捘

崇

士事　古音屬牀母

謚治　朕　神

傳

述

ꡏ 馬　漢明母　西番亦為嘛字

ꡏꡞ 米迷　ꡏꡞꡃ 命明

ꡏꡟ 木　ꡏꡟꡓ 母　ꡏꡟꡃ 蒙孟　ꡏꡟꡠ 梅

ꡏꡦꡓ 廟　ꡏꡦꡋ 勉

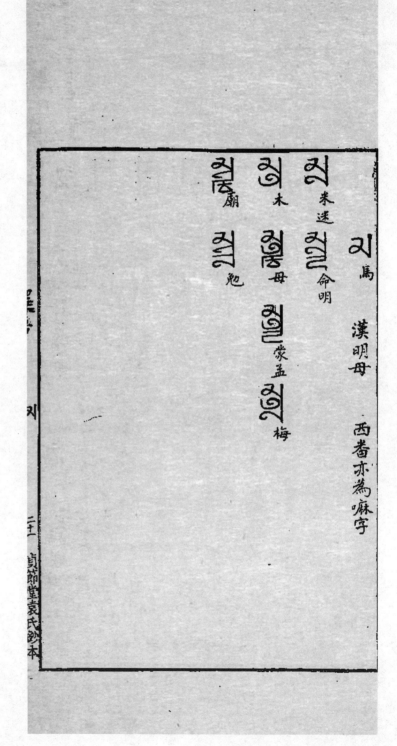

ན 西番作ན以為納字 訥阿切 舌頭

ན 當即那母 漢泥母

ན ན ན 内

ན 寧

ན ན 年

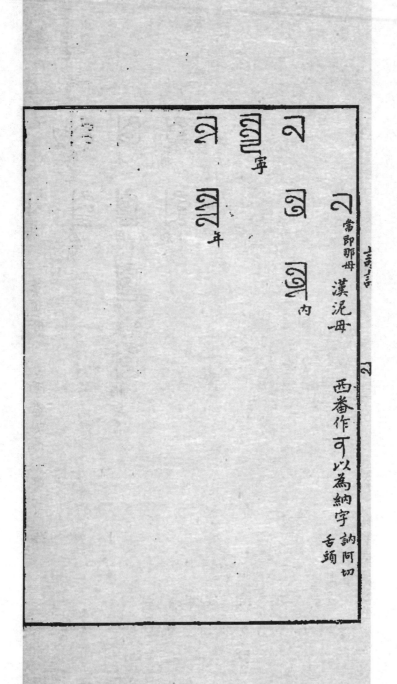

ꡊ 怛

漢定母

西番作丂以為達字 德阿切 舌頭緩

ꡊꡓ 道

ꡊ 大

ꡊꡞ 地提迪

ꡊꡟ 瀆

ꡊꡟꡃ 同

ꡊꡡ 奪

二十二 貞節堂袁氏鈔本

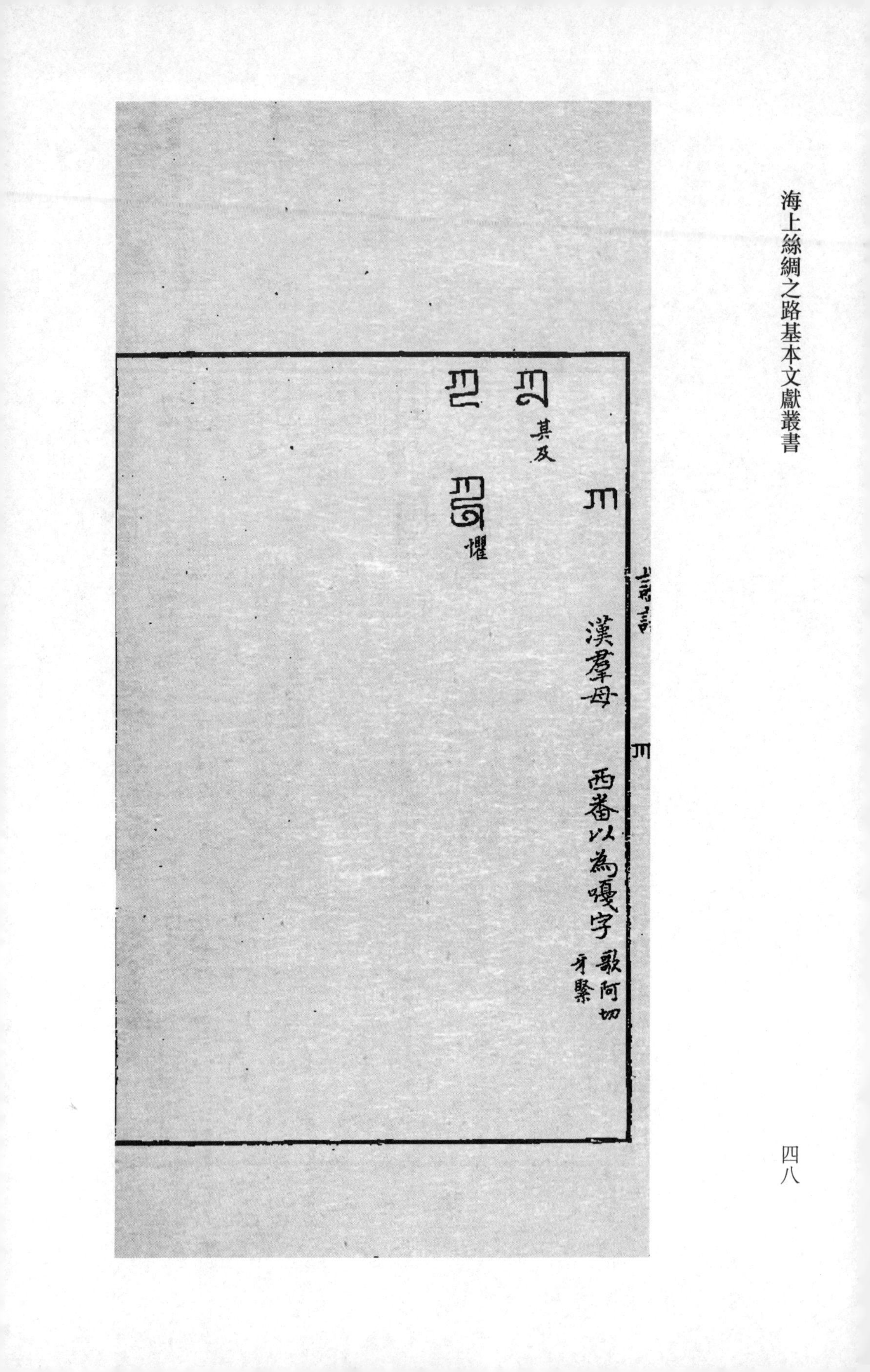

諸

漢羣母

西番以為嘎字 歌阿切 牙緊

其及

懼

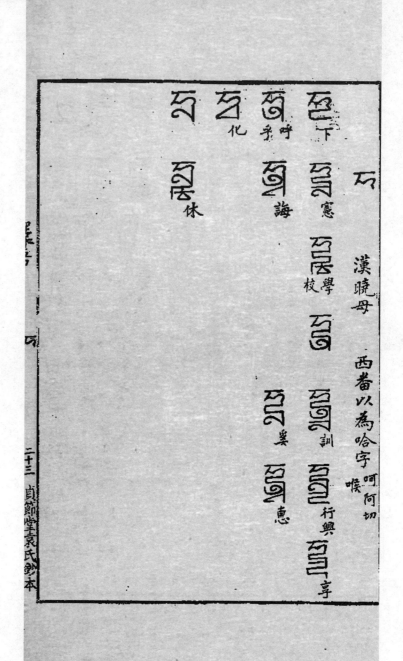

ཧ 漢曉母 西番以為哈字 呵阿切 喉

下 憲 學校 訓 行興 亨

呼豕 誨 奚 惠

化

休

二十三 貞節堂袁氏鈔本

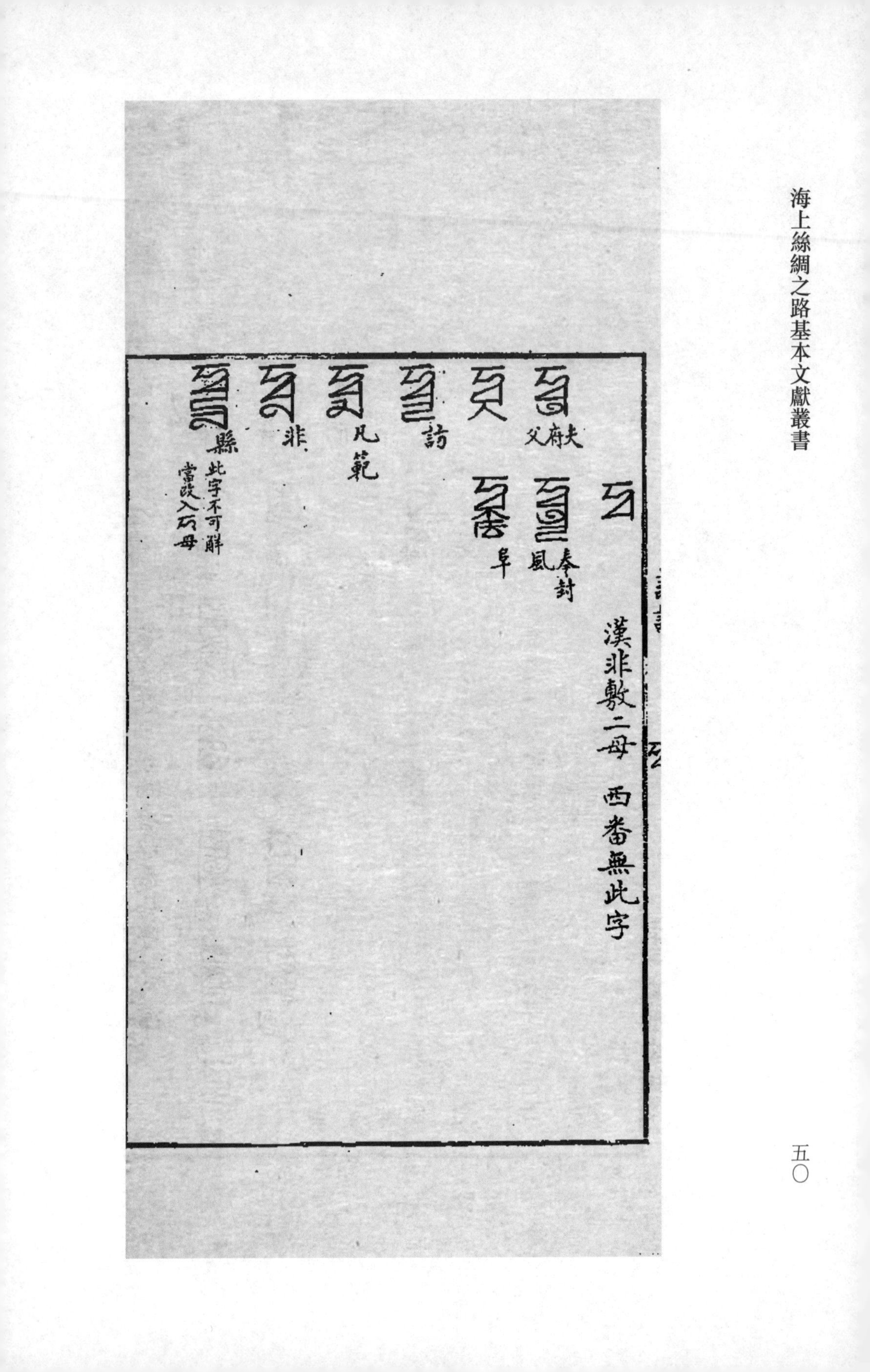

漢非敷二母　西番無此字

夫府父

奉封風

阜

訪

凡範

非

縣

此字不可解當改入□母

蒙古字體見事林廣記續集　中多訛寫

蒙古之書前乎學者之所未覩蓋自科斗之書廢而篆隸之制作其體皆古也其後真草之書雜行上世大元世祖命帝師八合思八制蒙古新字其母四十有一其相關紐而成字今以其字書百家姓於左以見一代之文字云

百　家　姓　蒙　古　文

趙　錢　孫　李　周　吳　鄭　王　馮

陳　褚　衛　蔣　沈　韓　楊　朱　秦

尤　許　何　呂　施　張　孔　曹　嚴

華　金　魏　陶　姜　戚　謝　鄒　喻

柏　水　竇　章　雲　蘇　潘　葛　奚

譯語　二十四　貞節堂袁氏鈔本

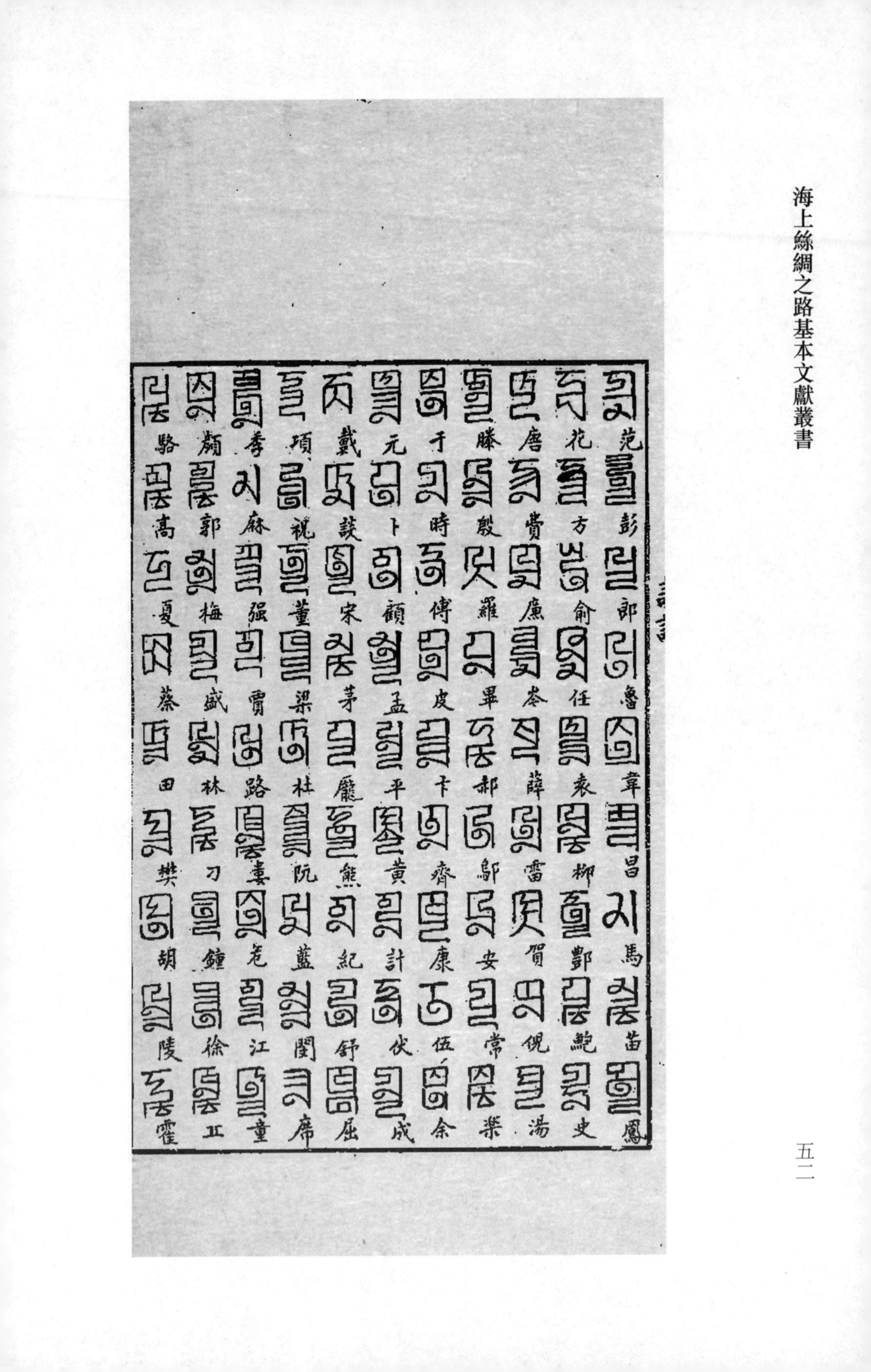

范彭郎魯韋昌馬苗鳳
花方俞任袁柳酆鮑史
唐費廉岑薛雷賀倪湯
滕殷羅畢郝鄔安常樂
于時傅皮卞齊康伍余
元卜顧孟平黃計伏成
戴談宋茅龐熊紀舒屈
項祝董梁杜阮藍閔席
季麻強賈路婁危江童
顏郭梅盛林刁鍾徐邱
駱高夏蔡田樊胡陵霍

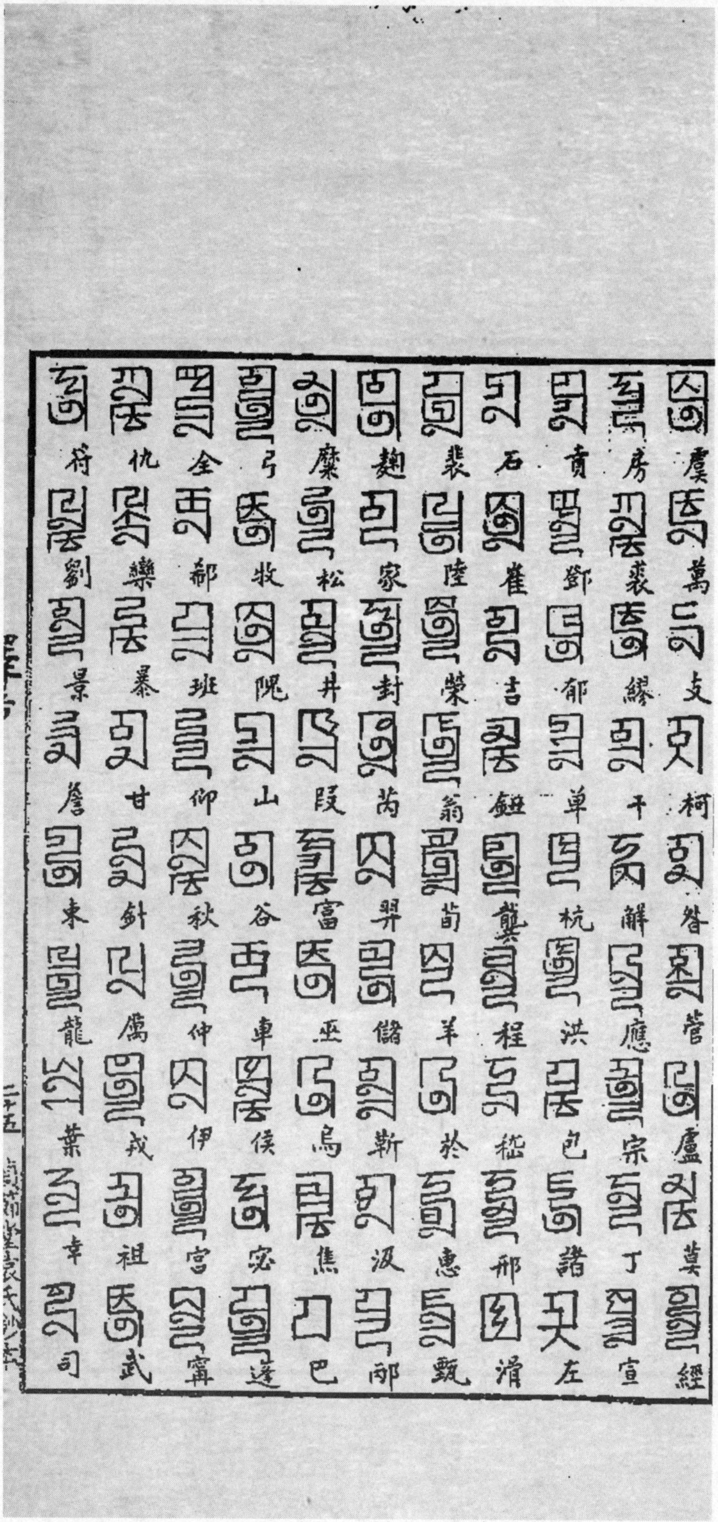

虞 萬 文 柯 昝 管 盧 莫 經
房 裘 繆 干 解 應 宗 丁 宣
賁 鄧 郁 單 杭 洪 包 諸 左
石 崔 吉 鈕 龔 程 嵇 邢 滑
裴 陸 榮 翁 荀 羊 於 惠 甄
麴 家 封 芮 羿 儲 靳 汲 邴
糜 松 井 段 富 巫 烏 焦 巴
弓 牧 隗 山 谷 車 侯 宓 蓬
全 郗 班 仰 秋 仲 伊 宮 甯
仇 欒 暴 甘 鈄 厲 戎 祖 武
符 劉 景 詹 束 龍 葉 幸 司

韶 部 黎 劃 薄 卯 宿 白 懷
蒲 部 從 鄂 索 咸 籍 賴 卓
藺 屠 蒙 池 喬 陰 欝 胥 能
蒼 雙 聞 莘 党 翟 譚 貢
逢 姬 申 扶 堵 冉 宰 酈 雍
郤 璩 桑 桂 濮 牛 壽 通 邊
扈 燕 冀 郟 浦 尚 農 慕 連
茹 習 宦 艾 魚 容 溫 別 莊
晏 柴 瞿 閻 充 向 古 易 慎
戈 廖 庾 終 暨 居 衡 步 都
耿 滿 弘 匡 國 文 寇 廣 祿

闞 東 歐 叟 沃 利 蔚 越 夔

隆 師 韋 庫 聶 晁 勾 敖 融

冷 訾 辛 闞 郡 簡 饒 空 曾

毋 沙 乜 養 鞠 須 豐 巢 闕

蒯 相 查 後 荊 紅 游 竺 權

逯 蓋 益 桓 公

覆姓

万俟 司馬 歐陽 上官

夏侯 諸葛 聞人 東方

長孫 鮮于 閭丘 申屠

慕容 公孫 尉遲 淳于

二十六 貞節堂袁氏鈔本

皇甫

宇文

鍾離

令狐

蒙古譯語出事林廣記新集 中多訛字

天文門

天 應吉里　日 ||納剌　月 ||散剌　新月 鄉休散剌　星 忽各

七星 不卒朶栾阿　攢星 干呂哥兒　風 兒　雲 奧連　雨 忽剌

雪 [illegible]連　雷 ||藹郭都　電 急里安合必　雹 門都魯

地理門

地 合掣兒　山 奧剌　嶺 你奴瘟忍　水 沃速　泉 布剌

冰 泊滌兒　海 荅来　江 木連地可　河 木連　澗 双剌

井 忽都　水 掐宿　石頭 赤老　沙 石曾金　橋 去照名哥

城 八剌合留　村 信興　墻 八剌合照　野 甸法哥兒　塔 素不兒閔

人事門

二十七　貞節堂袁氏鈔本

皇帝罕　宰相崇里必　大人也可罕　官人那延　娘子下敦
佛夕麻公　秀才納康必門赤　和尚出曾忽兒　道人啅真　紵絲匠秃曾哥不蘭
[illegible]匠霍重直丨丨　箭匠納木直丨丨　弓匠如中直　絃匠勘真丨丨　靴匠倆秃速丨丨
鐔匠細々直哥丨　木匠木都直丨丨　銀匠蒙古丨丨　梳匠三直　針匠呪直丨丨
染匠不都直丨丨　線匠胡月赤　粉匠五花直丨　胭脂匠忒可速丨丨　鐵匠忒木直丨丨
皮匠兀剌直丨　達々蒙古歹　欄子匠八剌安荅真　回々散里荅歹　女直主十歹
漢兒相忽歹　蠻子家家歹　醫人斡脫赤　作田人達田那先　阿嫂既里干
兒婦剔里　廚子鈉五自　孩兒訥汗　女孩兒氏勒　父愛赤哥
耶々阿不々　伯々愛賓　叔々阿不合　哥々阿合丨　弟々丰丨
姪兒肩　孫子阿赤口　丈人合敦赤可阿　叔伯兄弟也玉　舅々納合丑
小舅合敦々　女婿庫里丨　男兒阿列　婦女阿減　母阿可

娘〻阿母千 姐〻阿可赫 妹〻蜀 伯叔母阿三 媳婦愛免

阿嫂丨別里

君官門

太王丨口 太子丨口 駙馬丨宣魯 公主別吉 宣差達魯花赤

斷事官札魯花赤 使臣宴赤 縣官也里敦延 万戶獨滿那延 千戶明安那延

百戶武赤延 五十戶塔賓那延 牌子頭号魯那延 民戶益干亞 通事乞里三行

買賣人撒旦畜赤 伴當納可兒 出軍人象利赤 樂人那肴赤 媒人兀剌赤里

把門人兒里里赤 牧馬人丨木馬 放牛人戎人丨赤 水手速赤 醫獸壓点

放羊人汚邑赤 師婆叻 帶弓箭人貨魯赤

鞍馬門

馬沐罕 騸馬阿急荅 曳剌馬阿只兒海 小馬㪚灰 蹿行佳剌

青馬丨丨卜羅 赤馬丨丨祈兒及 黃馬丨丨芳兀兒 白馬荅罕 黑馬丨丨合剌
棗騮丨丨怯英兒 花馬丨丨[illegible]剌 沙白馬迭里罕 灰馬丨丨速魯 鋪馬丨丨兀剌
白點兒只今兒 家生朵都兒孫剌那 梯已丨丨卯日 野馬丨丨胡藍 生馬丨丨奪速
駒兒兀奴速 二歲荅罕 三歲兀嚢木里 鞍子阿滿 橋子木魯哥
韂滑馬林 鐙木里剌 雁翅板插荅孫 鞍塔歸胡兒 鞦忽獨八花
攀胷庫木都魯哥 鐙折皮禿也速兒 轡頭座荅兒 剷鏍垂可里 鞭子覓乃
套杆五忽魯合 汗替禿黃木

軍器門

弓奴木 箭速木 槍只打 刀云都 甲忽耶
頭盔獨魯花 傍牌座剌罕 箭匣剌忽兒 弓袋忽枝糸 旗禿
鑼長 鼓忽魯哥 襆頭奧道里可 榡榡不西 起合兒不台

筯 秀布
杓子 赤納合
笊籬 秀兒
盂子 綻刀
瓶 羊化丨

盞子 札忽刺速
盤 塔里八兒
棹子 十刺
栲栳 大立班
升 說干罕

斟 深
簸箕 折不哥
條箒 秀福兒
桶 散魯花
梯 切赤古兒

枴 禿曾女
針 兒
梳 三
鏡 垂里
钁 卓苦伏六

鐮 卜禿和兒
交椅 撒折兒丨
床 易昔吉
蓆 只立速
帳子 忒立馬

傘 褰姑兒
扇子 撒体兒
三絃子 胡不兒
笛兒 扎虎兒
門子 壓刺暗

大樸頭 脫和里
箭頭 忒木兒
箭口 脫奴
鈚子 克不里
鍊鎚 居連必

弓絃 欽不輿
翎毛 羽都
錯子 好刺
小刀 氣都花

五穀門

米 孔匣阿木
糯米 禿〻兒速
麥 布亥
穀 匣刺阿木
黍 蒙兀刺阿木

黑豆 匣刺不奴叉
小豆 孔卜不奴叉
菉豆 浩〻不奴叉
大麥 牙立

飲食門

粥 不乃木　餅 暗木速　麪 兀立兒　熟麪 罷散　饅頭 口涅

燒餅 兀都麻　肉 賽匣　酒 答剌速　油 都[illegible]　鹽 答不速

醬 速速　馬奶子 兀宿

身體門

頭 忒妻温　孛擘 怯昆　眉 合你四　眼 尼敦　鼻 下八兒

口 阿滿　耳 赤斤　心 智寬兒　肝 乞立干　脾 送留温

肺 奧魯書　膝 雪劳孫　腰子 卜兒　肋支 合不合兒　手 阿兒

腳 闊兒　琵琶骨 答妻　拳頭 納竿兒彎　牙 宿敦　奶子 闊

蔦包 八好兒　骨頭 業孫　瞎 速忽兒　跛 朵忽剌　肥 搭剌昏

瘦 都魯敦　禿 塔剌海

衣服門

𦋺皮 答胡　合袖 懷帖兒　袴 阿母都　褁肚 心干　襖子 迭兒

皮條 速兒　繫腰 不昔　合鉢 忒獨兀　腰綫 不嗔　帽兒 麻合剌

笠子 播魯哥　頭巾 速中　故： 播庫襯　靴 兀秃速　鞋 察魯

氈襪 懷與速　領兒 扎合　氈 細：及：　段子 秃魯哥　絹 兀阿兒

布 郡真　絲 忽答孫　金襖 按彈迭兒　綫 胡打速

器物門

車 忒里丨　車軸 藤急里　車脚 庫里敖　鍋 朶還丨丨　釜 脫和

羅鍋 安和四　箆 和部合丨　盆 賁赦兒　椀 愛也合　窗 卧里哥

槽 箆戒察　鏝刀 答里吉　鏊子 畐禄　斤秤 登及閭　等子 勝兒

索子 迭剌　刷牙 菓兒出車　布袋 胡打　鎖 消魯合　碓 燠魯

三十　貞節堂袁氏鈔本

磨 弟兄馬　船 肝悉又　鈎兒 含苦孫　錐兒 昔不哥　鑷子 赤晶
剪子 欠頭　熨斗 熨雜　火鐮 祛歹　鈴兒 黄詵兒　鋸子 氣畧
鏇 五花里　鑽子 睥林　杴 庫里車　鍬 并思馬　鼓兒 去照魯哥

文字門

文書 必赤　紙 怯里歹　墨 别可　筆 洛薾　硯 南都
印 探合

珎寶門

玉 蓋老温　金 按彈　銀 蒙古　零銀 胡兒苔速　珠子 速不
象牙 詐安伯數　釧兒 補花　鐶兒 捽哥　釵兒 獸歹　銅 拆四
鐵 武木兒　錫 秃忽魯罕　烟脂 弋可速　粉 五花直　鑌鐵 潘羅福闌
碧甸子 可蓋老温

飛禽門

鵰不魯昆　鷹昌里朶合　海東青扎剌速忽兒　鷄桑真舌　兔鶻後別里兒

鴨鶒納真　豹子撒里　龍奪獨林多　孔雀倒虎　花鴨子禿剌

鷺鷥胡七忽真　鴐鵞昂急兒　鵝昏　野雞戶魯還　老鳥肯里武才

老鴉禿列老溫　斑鳩去車　鵪鶉不多拿　雁阿老安　野鶻[illegible]也倸海

鷄鴿庫魯古真　草雞胡魯不　雛忽魯花　燕子過里葉車　雀兒寶上胡兒

走獸門

龍滕急亦　虎八索　豹吉里沁枝兒　獅子阿思蘭　象許安

駝採凌　牛兀哥兒　犢土澤　驢按只哥　騾落索

羊忽你　羔兒忽魯罕　羯䍽羊薛里哥　羯羊一兒哥　猪唐兀四

母猪麦怯真　山猪厘邦　狗訥和　細狗阿散六　猫兒秦溫

三十一　貞節堂袁氏鈔本

貂鼠不魯還　小狗兒哥羅干

蟲魚門

龜才速度乃哥　魚只海速　蟹哀里門哥　蛇役至　蝎林
蜂著哥　胡蝶魯里伯哥　螘子溫妻渴真　蚊子播拿

草木門

草愛石速　青草課：愛百速　蘆子草忽剌速　花掣：　芰胡速兒
蒼耳鄰赤忽剌　田禾荅里取　麻千掣立　松樹赤薄剌孫　柳樹闊車孫
柏樹牙剌孫　槐樹昏全孫　竹子戶魯孫　楸樹古香孫　桃樹福孫夕木敦
青楊戶列孫　桑樹谿魯帖歹明木敦　杏樹槐列孫　樺樹忽速木敦　榆樹害列孫
枯樹借忽買度都　樹根玉瓜兒　葉兒南赤

菓菜門

葱 表急利　菜 叏伯孫　蘿蔔 蔦魯馬　韭 和ㄑ　蒜 撒林散

杏 愰列孫　梨 阿里馬　桃 福孫歹　蒲桃 玉浸　瓜 奥温

西瓜 合兒不西　棗 赤厘

數目門

一 亦千　二 舌腰兒　三 兀魯班　四 都魯班　五 塔奔

六 只魯安　七 朶安　八 奈蠻　九 也孫　十 合魯班

二十 忽魯　三十 兀真　四十 獨嗔　五十 忝賓　六十 只剌

七十 忝剌　八十 乃彥　九十 也連　一百 你干介　千 明安

萬 土滿　萬ㄑ 土土滿

時令門

年 荒　春 合不兒　夏 納和兒　秋 納毋兒　冬 五溫乞

言語

前年兀里及荒　去年你荅你荒　今年愛乃荒　明年騎乃荒　後年懷赤荒
外後年只乃只荒　每年荒不里　前月兀里只撒剌　今月愛乃撒剌　後月懷赤撒剌
正月忽必故剌　二月胡打馬玉宣真撒：　三月兀年玉嗔真｜｜　四月諢可可　五月胡打用｜
六月納紐兒｜｜　七月兀赤｜｜　八月補工｜｜　九月忽恭荅里必｜｜　十月法欽都兒｜｜
十一月亦剔古｜｜　十二月庫胡列兒｜｜　前日兀里石兀都兒　昨日合赤土兀都兒　今日阿乃兀都兒兀
明日磨海兀都兒　後日懷赤兀都兒　外後日亦納只兀都兒　每日兀都兒　多日兀你兀都兒
明也紫也八　早辰同禾乃海　日中兀都兒萬里　也也荅　在界你
昨夜赤金干粟你　夜半粟你萬里　一宿你干豁納　那時訛韓兒　時愛乃愛合折拿
往前耶兒合乞　如今愛朶　幾時私里

方隅門

東垂羅納　西豁羅納　南愛木　北兀木　上迭利

下 馱落　前 兀力荅　後 懷刺　這壁 印刺｜｜　那壁 只刺

這裏 倓荅　新舊 若問言真　裏 真度扎立刺　外 下荅刺　多少 卧郎迭完

將来 黯赤列　不中 桒刺見忽　休說 不蔚列　不當 匿役　逃走了 古曾

犯者 四緑私有

顔色門

顔色 愛刺都　青 可：　大紅 不下刺刺　紅 忽刺　黄 昔刺

赤黄 胡若若　渾黄 刺醬昔刺　白 察罕　黑 匣刺　紫 只享

藍 怒窩　茶褐 下羅　黑緑 怒窩

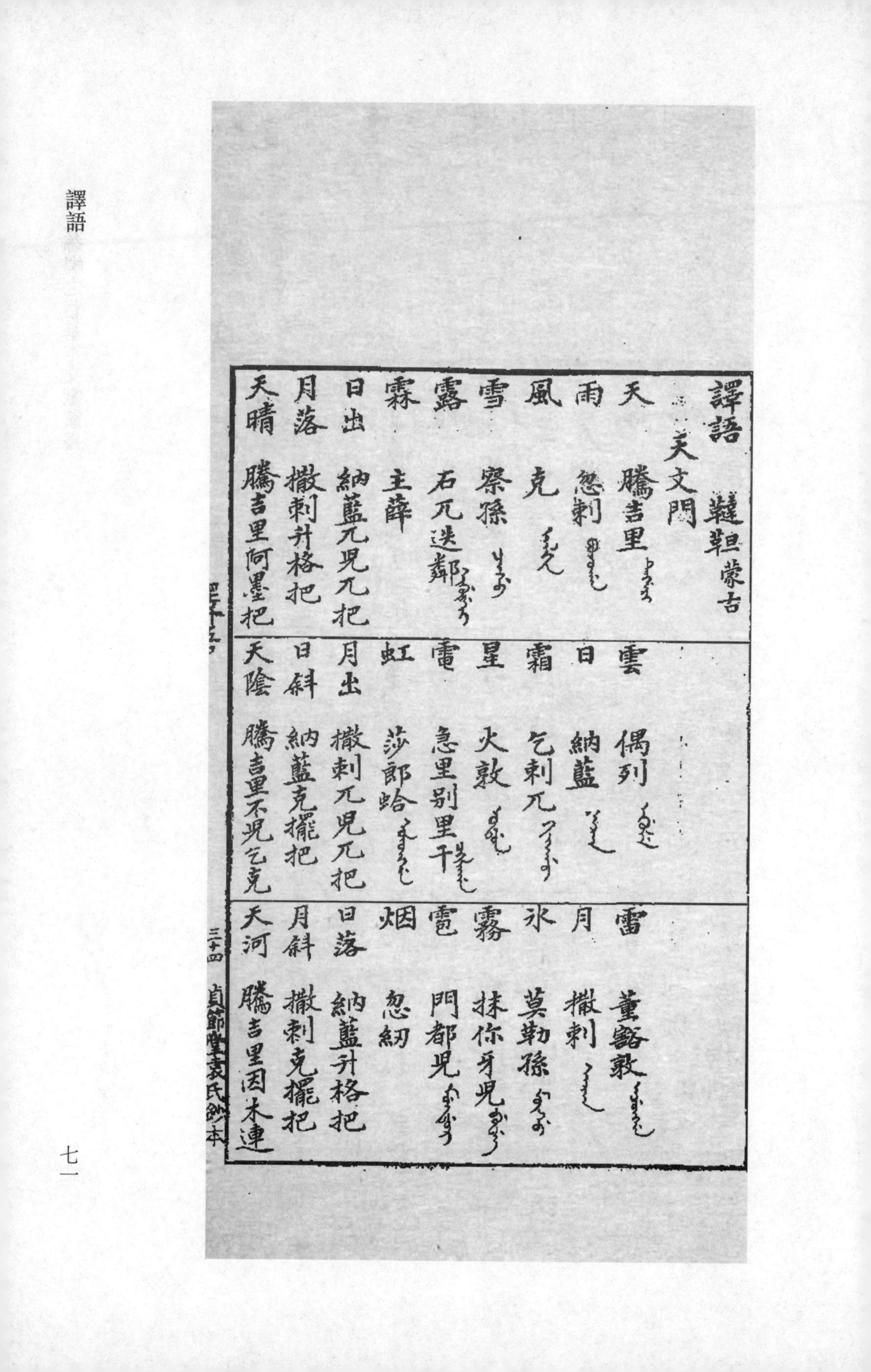

譯語　韃靼蒙古

天文門

天　騰吉里
雨　忽剌
風　克
雪　察孫
露　石兀迭鄰
霖　主薛
日出　納藍兀兒兀把
月落　撒剌升格把
天晴　騰吉里阿墨把

雲　偶列
日　納藍
霜　乞剌兀
星　火敦
電　急里别里干
虹　莎郎蛤
月出　撒剌兀兒兀把
日斜　納藍克擺把
天陰　騰吉里不兒乞克

雷　董鉻敦
月　撒剌
冰　莫勒孫
霧　抹你牙兒
雹　門都兒
烟　忽紉
日落　納藍升格把
月斜　撒剌克擺把
天河　騰吉里因木連

大雨	也克忽剌
起風	克孛思把
日影	納藍兀兒
晚了	兀迭失孛二把
太陰	撒剌
南斗	撒把兒
衆星	我藍火敦

人物門

皇帝	蛤安
皇后	蛤阿提
曾祖	額林都

大雪	也克察孫
亮了	改把
月影	撒剌兀兒
晌午	兀都兒都力
霖雨	主薛忽剌
北斗	采羅安火敦
黃道	失剌抹兒
朝廷	失都思
大臣	也克土失幔
伯父	額賓

大風	也克克
下雨	忽剌我羅把
下雪	察孫我羅把
太陽	納藍
刮風	克孛思把
日曬	納藍蛤剌把
黑道	蛤剌抹兒
聖旨	扎兒令
官員	那顏
父親	額赤格

母親 額克
兄 阿哈
妹子 朶宜
媳婦 伯里
親家 忽塔
女婿 古列根
舅々 納哈出
奴婢 孛斡力
女直 主兒徹
你的 赤怒
姪兒 寅

叔父 阿巴哈
弟。 迭兀
婦人 額乜苦溫
丈人 哈敦額赤格
娘子 哈敦
女兒 斡勤
舅母 納哈出額克
漢人 乞塔苦溫
回々 撒兒塔溫
他的 亦怒
自己 斡額侖

姑々 阿孩額格赤
姐々 額格赤
男子 額列苦溫
丈母 哈敦額克
小子 口刋
客人 勺陳
使臣 額里陳
韃靼 猛斡力
我的 米怒
咱每 必塔
慶賀 失々塔黑藍

報喜 賽必塔剌
勇士 把秃兒
師傅 把黑石
農人 塔里牙赤
媒人 掐兀赤
牧馬人 阿都兀赤

地理門

國 兀魯思
山 襖兀剌
田 塔里顏
園 把

神鬼 汪昆赤科兒
伴當 那可兒
生靈 阿迷壇
漁人 只阿赤
皮匠 忽都赤
牧牛人 忽格兒赤
地 蛤扎兒
水 兀孫
土 失剌兀
籬 失剌額

老少 斡脱谷扎勞
太醫 斡脱赤
獵人 阿把赤
匠人 兀藍苦溫
牧羊人 豁你赤
河 木連
泉 不剌
林 槐
墻 板兒阿孫

村 申迭延
城 可圖
路 抹兒
湖 納兀兒
沙 忽麻奇
泥 石把兒
磧 額列係
堠 斡孛斡
大道 帖兒格兀兒
山嘴 豁石溫
山川 啜勒

關 孛奄
石 赤剌溫
市 把咱兒
溪 豁羅罕
野 克額兒 孑乇
岸 額兒吉
陸 闊多延
黃河 失剌木連
玉河 蛤石木連
山坡 斡〻渾
口子 阿麻撒兒

塵 脫斡孫
嶺 塔把安
浪 多里吉顏
滌 兀耶兒
溝 速把
潭 扯額
井 古都黑
鄉道 阿亦二
山套 脫忽侖
山澗 豁必
邊邪 乞扎兒兀魯思

墩臺 忽敎

時令門

春 哈不兒
冬 兀奔
晝 兀都兒
晚 兀迭失
熱 哈剌温
冷 拙延
今年 額朶桓
前月 兀里赤撒剌
去年 那克赤克先桓

小河 豁兒豁
夏 諄
時 察黑
夜 雪尔
伏 赤里格兒
暖 都剌安
今 額朶額
前年 兀里赤桓
今日 額朶兀都兒
舊年 哈陳桓

流水 斡羅孫兀孫
秋 納木兒
年 桓
午 兀都兒都力
涼 薛里温
凍 可兒伯
旱 哈塔阿兒
今月 額朶撒剌
前日 兀里赤兀都兒
明日 馬納兒兀都兒

昨日 兀赤干兀都兒
除夕 扎不撒兒雪你
由旬 帕剌

花木門

松 納剌孫
葉 納不陳
杏 圭列孫
芥 乞赤
柏 阿兒察
柳 希扯孫
根 兀扎兀兒

正旦 兀都兒失你
古昔 別列兒額兒迭
始初 昂脫侖
花 扯扯
果 者迷失
梨 阿里麻
草 額別孫
榆 凱剌孫
荊 字羅克潮
蓬 坎蛤溫

清早 馬納蛤兒額兒帖
四季 朶兒別察黑
終末 額出思
竹 苦魯孫
棗 赤不罕
菜 那鵠
木 抹都
檜 赤郭兒孫
枝 格石溫
蒿 石剌里真

種 許列
米 阿門
蒜 撒林撒
龍眼 祿你敎
西瓜 阿兒不思
茄子 把丁蛤
黄米 失剌阿門
白豆 察罕不兒察
青豆 闊〻不兒察

鳥獸門

龍 祿

粟 豁諾
葱 莎汪吉納
核桃 只阿
大麦 阿兒拍
甜瓜 蛤溫
蘿蔔 土兒麻
細米 納淋阿門
紅豆 忽剌安不兒察
黑豆 蛤剌不兒察
虎 把兒思

豆 不兒察
韭 豁〻孫
葡萄 兀遵
小麦 不兀歹
葫蘆 蛤把
粳米 禿禿罕阿門
粗米 不都溫阿門
綠豆 那豁安不兒察
結子 倩都兒長加
象 扎安

熊 斡脫莒
騾 老撒
兔 討来
羊 豁你
狼 赤那
狐 忽揑
禽 失保温
鴨 那豁孫
龜 納黑蔑揑該
鼠 孛額孫
翅 周兀兒

鹿 不忽
驢 額里只干
牛 兀格兒
獐 阿剌台
豺 褚額别里
猴 别嗔
雞 打蛤
狗 那孩
鱉 兀速禿蔑揑該
蝗 丑兒格
燕 蛤里牙察

馬 抹林
駒 兀奴罕
猪 蛤孩
彪 蛤兒忽剌
猫 覓石
飛 你思忽
鵝 蛤老温
魚 只蛤孫
蛇 抹孩
翎 斡敦
鵲 撒只孩

爪 把温
皮 阿剌孫
犀牛 克兒思
牯牛 不花
青鼠 克列門
鼸鼠 那鑾
綿羊 脫列
羖攊 亦馬安
百雄 札哈里壇
燕色 苦狼
棗留 克兒

蹄 土魯温
駱駝 帖蔑延
毛牛 斡脫思
貂鼠 不魯罕
銀鼠 兀南
兒馬 阿只兒哈抹林
野羊 帖克
花豹 撒兒
黑馬 哈剌抹林
紫馬 可郎
紅沙 不魯兀兒

嘴 豁石温
師子 阿兒思藍
乳牛 兀捏延
黃鼠 竹木藍
黃羊 者連
騸馬 阿黑塔
羝羊 忽察
白馬 察罕抹林
走獸 牙不忽魯速
虎剌 苦剌
花馬 阿剌

海馬 打来因抹林
西馬 阿兒思麻
野馬 豁藍
鳳凰 蛤魯的
仙鶴 奄兒孫
鷲鸛 脫兀老溫
黃鷹 蛤兒赤孩
黑鷹 不魯骨
鵓鴿 可可兒赤干
松兒 剌黑

海留 蛤里溫
騎馬 抹林兀奴
上馬 抹淋剌
孔雀 討兀思
天鵝 渾
鴛鴦 昂吉兒
角鷹 出忽兒
班鳩 枯扯耶
鴉鶻 剌臣
蚊子 孛可兀納

銀合 石兒阿
赤馬 者兒特
下馬 抹林保
海青 升豁兒
鸚哥 脫提
野雞 古兒敖
老鸛 列克列克
兎鶻 赤帖羅骨
蜘蛛 蛤阿里真

宮室門

宮　斡兒都
房　格兒
限　孛莎哈
閑　哈阿
簾　克兒哭
門扇　哈安哈
舖面　克必
上梁　你魯額兒谷
店房　格乞
天窓　斡羅

器用門

殿　哈兒失
磚　克兒必石
柱　禿勒哈
橋　克兀兒格
竈　豁倫塔
社稷　納兒派
院落　豁里額
拆房　格兒額不旦
房簷　少剌不赤

門　額兀顛
瓦　察忽剌孫
閑　你額
塔　速不兒罕
寺廟　速篾格兒
屋脊　格侖你里温
起蓋　格兒孛思把
帳房　茶赤兒
屋椽　格侖哈不孫

車	帖児格
輻	克克孫
牌	蛤勒蛤
弓	警門
甲	忽牙
弩	安扎孫
箏	牙土罕
盤	塔剌把児
櫃	古蔑格児
燈	未剌
印	談蛤

輪	克児救
輞	抹額児
鎗	只塔
旗	斡郎蛤
鐙	多羅額
槽	汪蛤察
瓶	籠合
銚	亦剌蛤
梳	毿
針	勺溫
篙	失兀児格

轆	阿藍
鞭	米納
斧	速克
箭	
砲	速門
繩	斡児不兀児
盞	迭額速
匙	察渾阿牙蛤
囊	罕不花
梯	呼呼塔
筆	格赤吉兀児
	兀祖

紙 察阿孫
杵 迬豁
席 赤亦兀孫
秤 把鑾
鑼 常
桌 失列
筯 搠乞
箆 失兀兒
匣 哈兀兒察
車頭 不魯
小鼓 慊格兒格

墨 別克
臼 阿兀兒
床 亦薛里
枕 迭列
炭 揑兀列孫
剪 海尺
鞍 額墨
傘 書庫兒
柴 土列
車廂 影兀剌
頭盔 都剌兀

鍋 脫豁安
碗 阿牙哈
鎖 搠斡兒哈
鏡 脫黎
火 哈勒
座 掃力
鞊 莔〻墨
粉 華
燒 禿勒
大鼓 顆兒額
纓頭 哈塔阿兒

環刀　温都
木盆　察剌
大綱　忽不赤兀兒
拍板　察吉兒
嚼環　招兀債
湛水　撒不哈
扇子　迭乞兀兒
布袋　忽塔

衣服門

衣　迭延
被　歟只列

弓弦　闊不赤
器皿　撒把
交床　撒塔里
嚼子　唐格力
秋根　者克禿兒克
鐵鞭　塔木、米納
纓子　扎剌
帶　不㟴
幔　闊失格

鐮刀　哈都兀兒
燈盞　主剌不赤
肚帶　斡郎
攀胸　苦木都度兒
轡繩　赤勒不兒
脚絆　赤都兒
千斤　赤淋
袖　侃純
綉　蛤兒忽米

錦　察麻
線　忽達孫
靴　忽都孫
裙　豁兒麦
衣襟　豁兒麦
腰線　不赤
生絹　勇豁兒
表裏　阿塔兒朶脱兒
虎斑　哈剌孩
夾衣　罕塔迭延

綿　閔達孫
布　孛思
鞋　察魯
補　那看
衣領　迭額侖扎哈
褥子　迭不思格兒
皮襖　揑克迭延
剪絨　把蠻
織金　朶克麻奄塔秃
紗帽　脱羅因馬哈剌

氊　洗思格
麻　斡羅孫
袴　額木敦
縫　斡耶
衣帯　不赤
熟絹　乞不
段子　土兒格
氊襪　闊亦抹孫
單衣　你于迭延
帽子　馬哈剌

飲食門

酒	打剌孫
肉	米罕
醋	失兒克
藥	諳
割	額刻
飢	斡列思把
筵宴	忽林
酥油	失剌脫孫
乾肉	哈塔哈三米罕
駝奶	愛亦剌
調和	豁里
飯	不塔
油	脫孫
酪	塔剌克
味	唵壇
煮	赤納
飽	察把
肉生	米罕禿渾
燒餅	兀蔑克
乳餅	必失剌
乾酪	忽魯
炒麪	塔兒哈
湯	書連
鹽	塔不孫
粥	不塔安
嘗	奄撒
喫	亦迭
切	克兒赤
膏糜	阿木孫
燒肉	失剌哈三米罕
馬奶	額速克
熬酪	阿阿兒赤
奶皮	斡兒蔑

酸甜　朵黑甚奄塔孫
苦醎　阿失渾豁兒只八
新飯　失你不塔

珍寶門

金　奄墮
玉　哈石
銅　輒思
石青　阿兒阿出
生銅　失列門
珠砂　奴几兒
金帶　奄墮不薛

渴了　穩塔思把
吃嚼　招几只兒
甘蜜　捨克兒
銀　蒙昆
珠　速不
錫　秃温罕
水銀　果里延几孫
水晶　孛羅兒
珊瑚　失僉
銀帶　蒙昆不薛

熬煎　不察阿赤兒
舊飯　哈几陳不塔
滚了　不察二阿
寶　額兒的泥
錢　卓斡思
鐵　帖木兒
大珠　塔納
才物　麻兒哈剌
琥珀　苦剌
金碗　奄墮阿牙哈

銀碗 蒙昆阿牙哈
玉帶 哈石不薛

人事門

聽 莎那思
見 兀者
赦 速兒哈
添 捏蔑
催 斡脱兒列
想 都剌
思 薛乞
告 扎阿

金鍋 奄壇脱豁安
鐵鍋 帖木兒脱豁安
誇 馬黑塔
迎 兀黑禿
拿 把里
減 保兀剌兀
記 脱黑安阿
隨 塔哈
到 古兒伯
止 脱里克

銀鍋 蒙昆脱豁安
窺 失哈周兀者
捜 能知
擡 額兒故
認 塌你八
省 兀哈八
審 孛魯哈阿
問 阿撒
待 古里扯

擺 莎汪古
回 蛤里
唱 倒剌
舞 孛知
嘯 失思其兒
走 癸亦
坐 掃兀
愁 赫魯模
去 納兒赤
怕 阿奈
喜 把牙思八

戲 納阿敎
来 亦列
睡 穩塔
醉 莎塔八
立 擺宜
跳 莎葛
事 委列
起 孛思
愛 塔阿藍
送 許迭
嗔 孩抹思八

行 牙不
言 兀格
請 古列
罵 莎哥
打 占不赤
笑 亦捏額
夢 招兀敎
羞 希扯
出 蛤兒
唤 兀里
爊 豁魯八

怕	牙藍
猜	塔阿
愚	蒙哈
賞	蕩奈兒罕
戴	帖額
癡	哈泥
推	土里奇
過	那赤
扶	帖寫
扯	塔列
要	阿不
勤	乞扯央古
窮	兀格兀
懶	扎里孩
盞	禿兒寒
會	哈藍
撒	阿思哈
掛	額列吉
入	斡羅
敲	迭列
索	忽奈
傾	土俗兒
惜	哈亦刺藍
怒	其今藍
誠	呈
富	伯顏
倚	失禿
捲	額不克
翻	忽兒八
掃	拭兀兒
救	阿不刺
放	塔里必
壓	塔魯

四十四　貞節堂袁氏鈔本

算　撒納
射　帢見不
管　帢塔帢剌
牽　可團
覺了　薛列八
少睡　那魯忽
省諭　都兀里安
生受　勺孛郎
譏笑　酸直
爽利　必失温
聰明　薛禪

拴　忽牙
尋　額里
贖　木里禿
買　忽塔里周阿不
知了　蔑迭八
歇息　阿木
相遇　勺羅罕都八
睡覺　薛里別
多能　蔑見干
能的　赤塔黑赤
改換　也兀格

與　斡克
補　那可
贖　脫忽
賣　忽塔里都
分離　帢〻察
叩頭　木兒沽
表文　斡赤克
相愛　阿抹剌
快樂　只兒哈郎
安排　勺乞牙
商量　額禿都

報恩 哈亦哈里温
擡舉 阿撒剌
作伴 那可徹
求討 鬼剌
恐嚇 恰阿藍
一同 含禿阿兒
保護 亦協延

聲色門

青 闊：
白 察罕
紫 只希因

分付 塔温
緣故 申塔安
謝恩 納蠻亦剌
帶着 者兀周
收拾 忽剌
推辭 申塔藍
紅 忽剌安
綠 那谿安
素 失亦檐

分揀 亦勒哈
憐恤 額捏里恢
丁寧 打不丹
引領 兀都出
作事 委列惕
自由 斡額侖都剌八巴
黃 失剌
黑 哈剌
聲 搗温

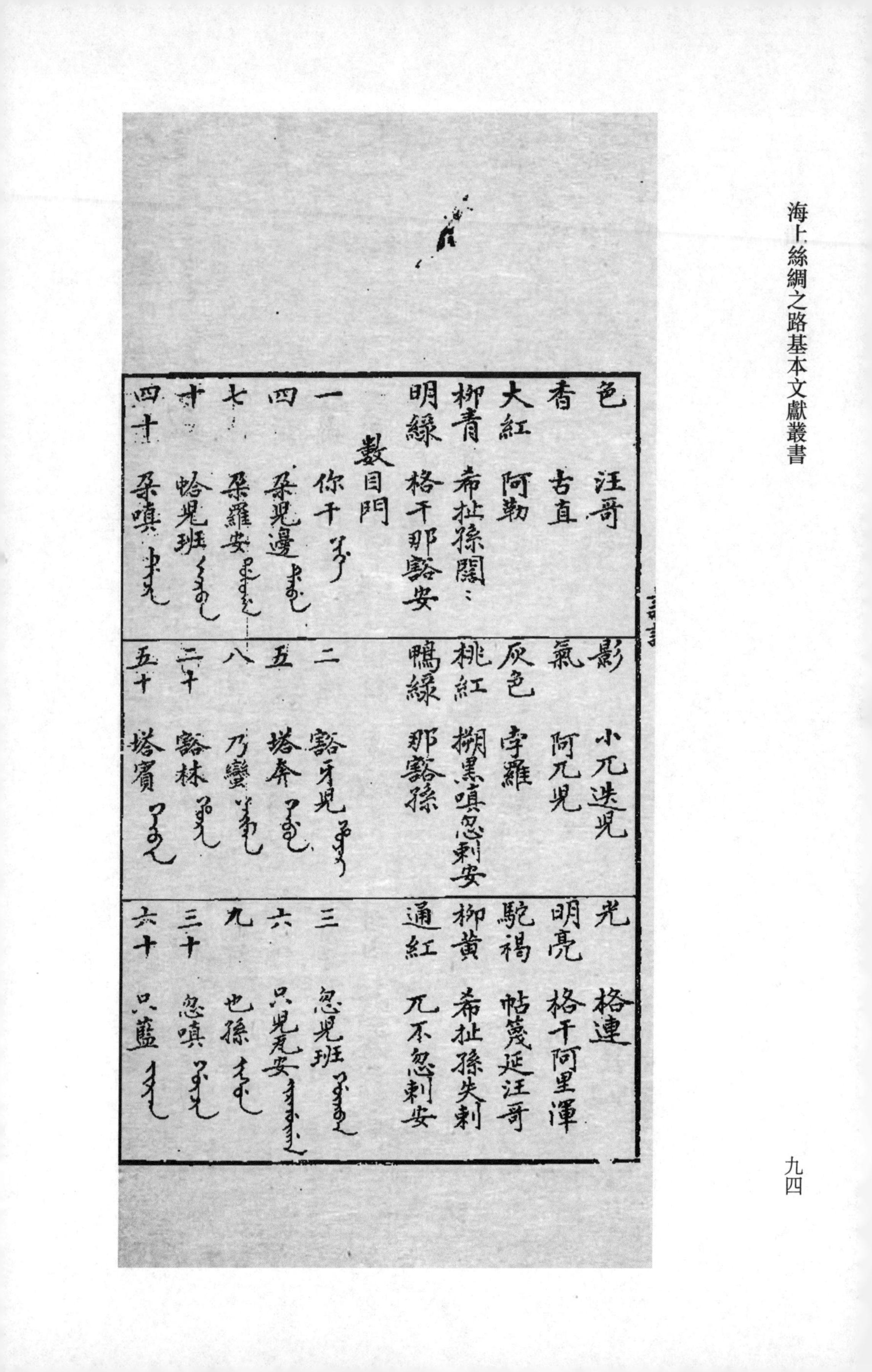

色 汪哥
香 古直
大紅 阿勒
柳青 希扯孫闊
明綠 格干那豁安

數目門

一 你干
四 朶兒邊
七 朶羅安
十 蛤兒班
四十 朶嗔

影 小兀迭兒
氣 阿兀兒
灰色 孛羅
桃紅 撒黑嗔忽剌安
鴨綠 那豁孫
二 豁牙兒
五 塔奔
八 乃蠻
二十 豁林
五十 塔賓

光 格連
明亮 格干阿里渾
駝褐 帖篾延汪哥
柳黃 希扯孫失剌
通紅 兀不忽剌安
三 忽兒班
六 只兒瓦安
九 也孫
三十 忽嗔
六十 只藍

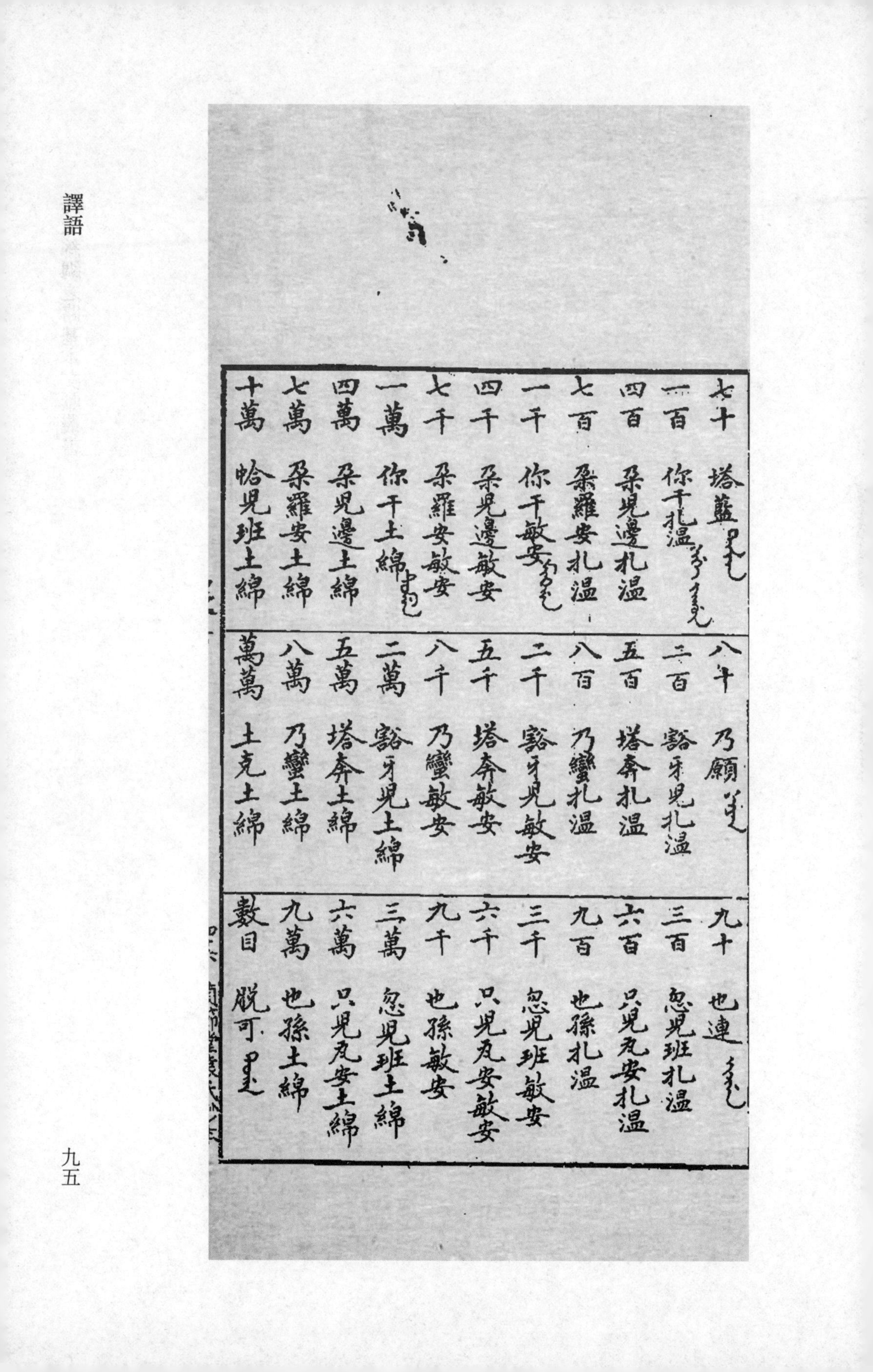

七十 塔藍
一百 你干扎温
四百 朶兒邊扎温
七百 朶羅安扎温
一千 你干敏安
四千 朶兒邊敏安
七千 朶羅安敏安
一萬 你干土綿
四萬 朶兒邊土綿
七萬 朶羅安土綿
十萬 帢兒班土綿

八十 乃顔
二百 豁牙兒扎温
五百 塔奔扎温
八百 乃蠻扎温
二千 豁牙兒敏安
五千 塔奔敏安
八千 乃蠻敏安
二萬 豁牙兒土綿
五萬 塔奔土綿
八萬 乃蠻土綿
萬萬 土克土綿

九十 也連
三百 忽兒班扎温
六百 只兒瓦安扎温
九百 也孫扎温
三千 忽兒班敏安
六千 只兒瓦安敏安
九千 也孫敏安
三萬 忽兒班土綿
六萬 只兒瓦安土綿
九萬 也孫土綿
數目 脱可

多少 斡蠻啜延
一般 你干主囙
一隻 你干闊式

一塊 你干克薛
半塊 扎林禿
兩錢 叁只兒把乞兒

寸尺 脫孩亦迷忽
一定 你干素
一把 你干阿牙

獨單 哈察斡列額孫
幾羣 克敦續魯
配合 吐失不侖

一總 你干也魯
一件 你干只兀兒
諸般 哈木麦禿

一托 你干奄二塔
一言 你干兀格
二付 你干主亦二

軟善 勺藍那木安
升斗 升子深

身體門

身 别耶
頸 帖里温
面 你兀兒

眼 你敦
額 奔来
腮 哈察兒

鼻 哈把兒
耳 赤勤
口 阿蠻

舌　克連
掌　哈剌罕
肺　阿兀失吉
齒　失敦
脣　忽侖
脾　迭里温
腹　克額黎
[illegible]　失阿
膝　失里必
筋　失兒不孫
脉　速塔孫

心　主魯刋
指　忽魯温
腰　別勒
眉　哈泥思哈
膽　雪吕温
肘　脱孩
脚　闊勒
臍　闊亦孫
血　赤孫
肉　米罕
唾　紉勒不孫

手　哈兒
肝　黑里干
脊　你黑温
肩　木魯
腋　速兀
肋　哈必兒哈
腸　格迭孫
髓　赤篾干
骨　牙孫
涕　你孫
汗　闊劣孫

四十七　貞節堂袁氏鈔本

禿　塔剌孫
淚　紉勒不孫
瘦　土魯罕
心坎　窩羅
肋肢　恰不孫
脚底　兀剌
性命　阿氏
禮　脫列
志　兮里

方隅門

東　朶羅納

黶　猛格
吃　克列該
肥　塔魯渾
腿膝　古牙額不都克
腰子　孛額列
後根　斡莎哥
仁　紐列思魁
知　兀恰安
德　阿不里
南　額木捏

瞎　莎合兒
瘸　朶合郎
聾　都来亦
指甲　乞木孫
脚面　斡里迷
膝蓋　脫不克
義　乃剌灰
信　必失列溫
西　阿羅捏

北 兀篾列
下 朶剌
前 兀魯失
右 把剌溫
稍 兀主兀兒
斜 拙里兀

通用門

易 乞里把兒
無 兀該
似 阿塔里
非 不魯兀

中 敦塔
內 朶脫剌
後 槐納
間 扎兀剌
底 喜魯阿兒
歪 莫里兀
難 別兒克
有 備
同 撒潮
實 兀南

上 迭額列
外 哈塔納
左 者溫
邊 乞扎兒
鄰 苦兒失
不 兀祿
休 不秃該
是 悶
虛 豁脫兒忽

四十八 貞節堂袁氏鈔本

疾 斡兒帖
慢 多劣延
高 温突兒
短 斡闊兒
深 昆
輕 佳干
橫 款多連
斜 拙里兀
滿 都兀連
舊 哈兀陳
方 朶兒邊勒真

緩 阿魯兀兒
大 也克
低 孛豁泥
遠 闊
淺 果延
寬 阿卷
豎 温都思
明 格〻延
闊 斡兒堅
圓 脫葛里
薄 您堅

緊 土兒堅
小 兀出干
長 兀兒禿
近 斡亦剌
重 坤都
狹 希兀壇
平 土不申
渾 不籠吉兒
新 失你
遍 哈八塔孩
厚 主扎安

軟	拙額連
直	失都兒忽
舒	迭里格
脆	克剔列
未	兀堆宜
歹	毛温
安妥	阿木忽郎
這里	延迭
何用	牙温克列
太平	昂克
無妨	兀禄蛤里扎忽
硬	蛤討兀
窄	赤忽
利	忽兒察
初	脱侖
全	帖骨思
好	撒因
明白	蛤蛤兒孩
那里	田迭
近間	斡赤里
潔淨	阿里温
若是	克兒別
曲	額郢古
散	塔兒蛤
鈍	抹和塔
了	把剌八
能	赤耽
不能	牙耽
顛倒	帖禿魯
好生	撒因禿兒
到今	額者額窟兒帖列
隨即	塔雷突兒
雖是	克堆把

怎生 克兒

爲這般 額兀別兒

歷道 克延

爲那般 挑兀別兒

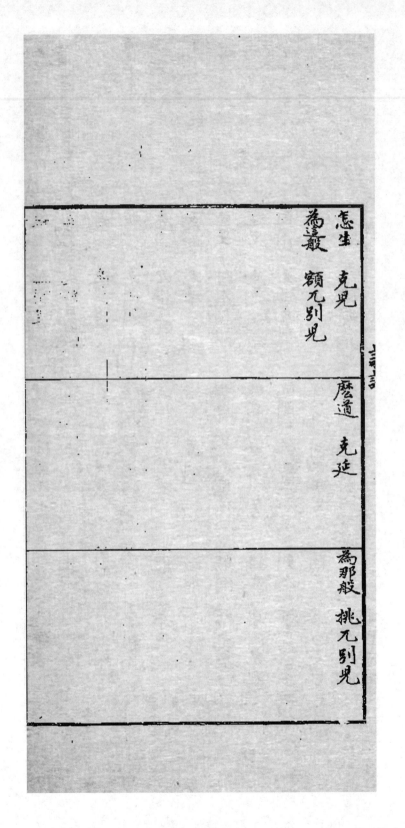

委兀兒譯語

天文門

天 忝額力

月 愛

雪 嚐兒

煙 體吞

霜 手得林

天上 忝額力五思呑

天高 忝額力也的子

天曉 忝額力湯哑禄的

黃天 撒立忝額力

雲 課克

星 兩里都子

雨 養兀兒

天河 忝額力得兒呀

雷 禄剌阿思

天下 忝額力阿思廷

天陰 忝額力卜禄孛里的

天鑒 忝額力科来都兒

黑天 嚐剌忝額力

日 昆

風 硯勒

冰 木子

露 黑牢

雹 門都兒

天邊 忝額力客到

天晴 忝額力阿赤里的

青天 闊克忝額力

天紅 忝額力格即兒

青雲	闊闊課克
白雲	阿勒課克
雲起	課克科卜
日出	昆赤黑的
日長	昆五遵
日蝕	昆土禿里的
月圓	愛輿麻剌的
月黑	愛噶剌
月盡	愛甚習的
星多多	輿里都子脫羅
星明	輿里都子啞祿
紅雲	刻即勒課克
黑雲	噶剌課克
雲開	課克阿赤里的
日落	昆把習的
日短	昆克思哈
月出	愛赤黑的
月缺	愛啞林
月蝕	愛土禿里的
星出	輿里都子赤黑的
星少	輿里都子阿子
雷響	祿哭兒若勒的
黃雲	撒立課克
五色雲	别失翁六課克
雲散	課克塔兒哈的
日中	昆禿失的
日煖	昆以夕
月落	愛把習的
月明	愛啞祿
月滿	愛脫力的
星落	輿里都子把習的
星光	輿里都子奴兒
風起	硯勒科卜

風息	硯勒禿兒	風大	硯勒五魯	風小	硯勒乞赤
風来	硯勒欠	旋風	苦運硯勒	黑風	噶剌硯勒
黄風	撒立硯勒	寒風	掃兀克硯勒	小雨	乞赤養兀兒
大雨	五魯養兀兒	下雨	阿噶都兒養兀兒	緊雨	覇忒養兀兒
細雨	引赤格養兀兒	雨住	養兀兒禿兒	有雨	養兀兒把兒
無雨	養兀兒的	下雪	阿噶都兒噶兒	下雹	阿噶都兒門都兒
下霜	阿噶都兒黑罕	下露	阿噶都兒手得林	下霧	阿噶都兒馬難
氷凍	木子桶的				

地理門

地	葉兒	山	塔	土	脫夫剌
泉	卜剌	井	苦都	園	谿欒把波兒六

五十一　貞節堂袁氏鈔本

墻 炭
水 速
嶺 呀噶
市 把雜兒
海 得兒呀
田 塔剌牙
草 撒慢
墳 麻雜
山高 塔也的子
山尖 塔兀赤
山川 塔串

塵 嗤
石 他物
關 乂剌兀兒
邊 克列
河 木連
野 啞賁
橋 谿甫祿
堤 肯兒
山低 塔啞必子
山頂 塔把石
山上 塔五思吞

泥 把兒赤
路 院力
城 把力舍哈力
口 阿兒䏧
樹 塔剌
沙 坤列克
堆 朶々剌
川 串
山陡 塔禿里兀子
山嶺 塔呀噶
山下 塔阿思廷

山前 塔以力革力
石失 他失塔
水清 速闊克
水流 速啞嚐
河寬 木速羌
河邊 木速客例
大石 五魯他失
細沙 引赤革坤
新橋 奐谿補录
小路 乞赤院力
路遠 院力亦剌

山後 塔遣卯
水深 速帖速
水渾 速賴
水急 速覇忒
河窄 木速塔兒
河乾 木速苦魯
小石 匀紗他失
石橋 他失谿補录
舊橋 也西乞谿補录
山路 塔院力
路近 院力阿艮

青山 闊克塔
水淺 速啞莧子
水綠 速啞甚
水悠 速阿思荅
河心 木速與樂
河灣 木速野及兒
麄沙 咬凱坤
大路 五魯院力
板橋 噶勒噶谿補录
分路 矮力的院力
路平 院力替子

五十二 貞節堂袁氏鈔本

路窄 院力塔兒　路泥 院力把兒赤　分田 與勒失惕
菜園 亞失把黑乂　花園 扯ˎ把黑乂　菓園 也蜜失把黑乂
竹蘺 噶蜜失炭　溫泉 以立卜剌　冷泉 掃兀卜剌
和泥 把兒赤有兀兒　出城 把里赤黑的　入城 掃里乞兒的
城裏 把力以沉塔　城外 把力他沉塔　地界 葉兒阿噶

地名

撒馬兒罕 撒馬兒酣　土魯番 土兒番　石頭城 他失把里
泥水灘 肯兒把兒赤　黑虎窩 噶剌巴兒思　狼地方 伯律葉兒
一箇聖城 必兒啞祿兀孑脫因　一箇女人城 必兒哈吞炭　大天方 也客秃顏力
小天方 兀出干秃顏力　黑羊群 噶剌塊　黑風川 噶剌克思剌
兀眼泉 脫庫孑卜剌　苦峪城 苦欲把里　三顆樹 玉除塔剌

騸馬城　影鼎赤
肅州　肅出
涼州　額兒焦
藍州　噶剌木連
北京　罕把里

時令門

春　呀子
冬　克失
晝　坤都子
熱　以夕
早　額兒帖
大草灘　條故祿自欒
甘州　甘出
黃羊川　者連串
陝西　勤昌府
夏　塔必糸
年　蔭
夜　客轍
溫　以立克
午　昆土失的
夾峪關　义剌兀兒
三跳澗　玉除阿力
黑松林　噶剌阿察塔剌
河南　客尔帖木連聶
秋　哭子
時　察黑
寒　掃兀
涼　寫六溫
旱　苦魯的

滂　速刺的
明日　湯勒
今年　卜蔭
前年　以力革刀蔭
一年　必兒蔭
五十年　眼力刻蔭
萬年　土慢蔭
二月　以乞愛
五月　別失愛
八月　篤乞愛
十一月　灣必兒愛

凍　統的
今月　卜愛
明年　湯蔭
正旦　昆養赤泥愛
五年　別失蔭
百年　玉子蔭
萬年　土克土慢蔭
三月　玉除愛
六月　阿兒惕愛
九月　脫庫愛
十二月　灣以乞愛

今日　卜昆
出月　赤哈兒愛
去年　把祿蔭
古昔　卜侖
十年　灣蔭
千年　命蔭
正月　昆養愛
四月　喳兒愛
七月　也惕愛
十月　灣愛
一日　愛寗必力

二日 愛寧以乞	三日 愛寧玉除	四日 愛寧噎兒
五日 愛寧别失	六日 愛寧阿惕	七日 愛寧也惕
八日 愛寧罵乞手	九日 愛寧脱庫子	十日 愛寧灣昆
十五日 灣别失昆	二十日 以及兒塞昆	三十日 我噎子昆
幾日 聶輪昆	幾夜 聶輪克車	一更 必兒帕思
二更 以乞帕思	三更 玉除帕思	四更 噎兒帕思
五更 别失帕思	天明 湯哑祿的	鼠年 西赤兒罕蔭
牛年 威蔭	虎年 巴兒思蔭	兔年 討失刋蔭
龍年 祿蔭	蛇年 未外蔭	馬年 阿忒蔭
羊年 塊蔭	猴年 伯嗔蔭	雞年 討几克蔭
狗年 義忒蔭	猪年 楠几子蔭	十歲 灣亞失

五十四

五十歲 眼力克亞失
萬歲 土慢亞失

花木門

葱 瑣甑
豆 卜兒察
枝 補塔
種 土吉
米 取巨
茶 撒慢
核桃樹 養阿塔剌
杏樹 月祿塔剌

百歲 王子亞失
韭 考兒德
花 扯〻
葉 阿補兒塔
竹 噶蜜失
菜 啞失
香 孛亦
葡萄樹 輿俊帖乞
榅兒 屢夫塔祿

千歲 命亞失
蒜 撒林撒
菓 也蜜失
根 亦里的子
木 以阿失
薑 蕃失勒
梧桐 脫苦剌兀塔剌
梨樹 阿兒木塔剌
栗子 討失利伯兀勒吉

柿餅 阿羅伯的
黑棗 噶剌褚卜安
西瓜 哈兒卜思
蘿蔔 土兒麻
砂果 革尜兒也簺失
羅猴覓兒 那駱卜兒察
豆蔻 勺几思
丁香 噶藍夫兒
番紅花 雜夫剌
大樹 五魯塔剌
砍樹 义補塔剌

核桃 養阿
松子 撒木兒
甜瓜 考温
胡蘿蔔 克尜兒土兒麻
青稞 阿兒帕
麦子 卜故大
桂皮 坎的思
蘇木 馬刋
烏木 噶剌以阿失
上樹 阿黑塔剌
摘花 與聚扯々

梨兒 阿兒木
石榴 納兒
茄子 把丁阿
砂葱 苦脉力
瑣々蔔 坤住與俊
胡椒 菲兒肺兒
蓽菝 痦兒譬兒
萵草 斡羅丹
綿花 把黑塔
高樹 也的子塔剌
帶花 查安赤扯々

五十五

花開	扯ゝ阿赤力的
大黃	羅烱赤
檣桐城	脫苦剌兀

人事門

見	科兒的
拿	把力
走	與里
問	索來
告	以兒阿力
笑	坤里的
愁	啞藍的

花卸	扯ゝ褚失的
硫黃	忽ゝ的兒
藥材	打魯
聽	以失里惕
來	久
跑	與敔兒
說	矮揚
討	体勒都兒
愛	小外都兒
羞	五呀的

麝香	亦帕兒
硇砂	努沙的兒
樺皮	柁子
叫	乂兒剌
去	把兒
住	秃兒
隨	也得兒舍
喜	小文的
怒	阿赤藍的
怪	啞慢剌

能 虎奈兒
惡 啞麻安
鬧 亦失的
罵 雪克
回去 啞泥把兒
打攪 條術失
戲耍 外納里
向前来 以力革力欠
安排 刺撒阿力
相遇 五出刺的
歇息 挺的

愚 帖里伯
好 啞黑失
忙 亦失啞藍
知道 必兒的
分離 矮亦兒的
謝了 紗把失
艱難 豁兒噶赤
往後站 遣卬秃兒
改换 阿力失
認的 塔泥的
記的 必兒的

善 咬襪失
歹 啞麻泥
打 凡兒
勾了 也兒惕
生受 奄干的
快樂 阿塞亦失
憐憫 刺罕
分付 矮揚別兒
收拾 與故失都兒
歡喜 小文的
忘了 五怒的

幹事　亦失客来
商量　遣額失
上馬　阿忒命
飲馬　阿忒速阿兒
拿馬　阿忒禿
厮殺　謅乂都兒
跟随　額得兒舍

朝儀

跪　興坤
叩頭　你呀思
謝恩　罕興爭塔巴兒乂安沙八失

甚麼　聶都兒
講和　噁剌失噶
下馬　阿忒除失
放馬　阿忒塊
拿住　把里禿
哀告　得兒花子
出力　苦褚赤阿的
拜　把兒乂安
起来　課卜
進駝　傜外塔兒愓

怎麼　聶出客来
緣故　亦失勒力
歇馬　阿忒挺杜兒
跑馬　阿忒乂卜
搶奪　塔剌失罕
情愿　怨輸怒
鞠躬　孛可亦
賞賜　索亦哈
進玉　哈失塔兒愓

進獅子 阿児舍児塔児惕
進鑌鐵 帖克撒罕勒塔児惕
進書字本 土児乞喚忒塔児惕

人物門

皇帝 罕
陰陽 把根赤
通事 克勒脒赤
官人 别克乞失
母親 阿難
軍人 扯力乞失
頭目 把失剌

進豹 玉子塔児惕
進羚羊角 瑣葉塔児惕
求討鐵事 轍羅赤失惕勒都児
大臣 五魯禿失慢
太醫 忒必
老人 嗃力乞失
徒弟 厦吉児
哥〻 阿〻
百姓 塔里呀赤
奴婢 坤勒児

進鏞鐵 普剌忒考來塔児惕
進方物 葉児乃児塞塔児惕
勑書 啞尔力
大人 五魯乞失
師傅 五思塔
朋友 阿〻以泥
父親 阿壇
兄弟 以泥
使臣 額里赤
小兒 乞赤禩藍剌児

五十七 貞節堂袁氏鈔本

皮匠 越禿赤
廚子 孛兀赤
姐姐 額格赤
男子 額兒
妻 也卜赤
丈母 鎧阿難
新人 陽乞失
善人 咬禨乞失
能人 脒兒罕乞失
銅匠 把額赤
畫匠 赤即黑赤

獵人 襖赤
打魚人 把里赤
大伯 五魯阿壇
兒子 惡溫
妹子 醒客
親家 忽荅
舊人 也西朔乞失
惡人 啞蠻乞失
木匠 也阿赤
泥水匠 把兒赤速赤
油漆匠 洗兒赤

牧馬人 阿忒苦兒罕
伴當 乂夜
伯母 五魯阿難
孫 聶伯列
丈人 鎧阿壇
兩姨夫 把扎
好人 啞失乞失
閑人 打剌罕乞失
鐵匠 帖木赤
染匠 孛呀赤
氈匠 起羲子赤

錫匠 豁兒嗃順赤
裁縫 得兒祭
打鼓的 董故魯兀赤

身體門

身 伯赤
眼 豁即
耳 苦剌
齒 惕失
唇 克列額
膳 嗃牢
生 土胡兒

銀匠 苦蜜失赤
唱的 以兒剌赤
賊人 襖果力
頭 把失
額 莽来
口 阿兒祭
眉 嗃失
肉 夜帖
聲 撒牢
死 額兒的

石匠 塔失赤
舞的 側赤
從人 也得兒舍乞失
面 玉子
鼻 孛兒泥
舌 惕里
髮 撒只
血 哈安
癘 阿撒
性命 扎安

五八　貞節堂袁氏鈔本

衣服門

絹 脫兒噶
襪 烏克
裾 額帖
褥 土合
圓領 興抹呀噶
氊衫 怒麦兒干
青紅布匹 闊克格祭兒孛子
綿花 把黑塔

飲食門

米 取吉

布 孛子
針 影納
褲 以雜兒
段子 討襪兒
補子 闊哭子
枕頭 呀速禿
顏色衣裡 公兒亦赤塔赤
麵 溫

靴 月禿
綠 亦批
被 咬兒利
衣裳 脫安
披肩 苦剌卜赤
番夏布 馬夫禿
生絹 永科兒
油 脫孫

塩 禿子
湯 所兒已
酒 索兒麻
飲 亦赤
器用門
車 兀力 阿剌剌八
攙 撒塔力
鎗 只塔
箭 鍼
甲 苦啞
墨 脉克

醬 醬
飯 阿失
糖 捨客兒
吃 葉
盞 赤各撒
鑼 穰阿剌
刀 克林赤必乂
旗 阿藍 禿克
印 塔木阿
筆 噶藍兀卒

醋 洗兒克
茶 嗏濮兒噶撒慢
蜜 撒阿力
棹 失勒
鼓 董故兒
弓 啞
匳 杜兀魯噶
紙 噶阿子
硯 都夜

鍋 噶簪
筯 超乞
黎華 奄扎孫
喇叭 卜兒故
銅鍋 把額兒噶簪
鑾頭 噶塔
鞭子 利出

鳥獸門

雁 啞即噶子
鵝 噶子
龍 祿

盤 塔巴
櫃 撒杜
湯瓶 阿夫塔巴
嗦吶 索兒奈
海叭 莫外把失
肚帶 五郎
韁繩 褚里卜兒
鴨 額兒得克
燕 噶兒祿阿赤
虎 巴兒思

碗 阿呀哈
燈 赤剌
酒壺 索兒麻郎豁
鼉鼓 康草兒草
座兒 掃兀兒
嚼環 瓜寨
鵲 庫失哈失
鴿 彫里干
豹 玉子 舍了孫

馬	阿忒
鹿	卜兀
熊	黑兒思
麟	鏁兒速
蛙	蔑聶該
鳳凰	秃里台噶魯的
仙鶴	阿里速
兎鶻	亦帖羅故
斑鳩	把黑惕
麒麟	阿兒倒兀兒
海獺	坤都子

騾	噶赤兒
狼	伯律
毛	擁
魚	把里
蚕	卜兒格
海青	昇豁兒
孔雀	討兀兒
鴉鶻	剌嗔
龍朶兒	土林台
羱羊	客兒思
貂鼠	歇失

驢	也舍克
象	啞安
卵	與木兒思噶
蛇	未外 亦剌安
虱	批惕
天鵝	混 忝顔刀噶子
野雞	討兀克
鸕鷀	穢替
蝗蟲	醜兒草
獅子	阿兒思藍
銀鼠	阿系

騸馬 影納阿忒
兒馬 矮跟兒阿忒
騍馬 擺他阿忒
馬駒 故倫
騸駝 影納条外
兒駝 補兒阿条外
騍駝 体失条外
塔剌花 塔兒卜安
乳牛 以納克畏
西馬 朧卜察
青馬 闊克阿忒
白馬 阿克阿忒
赤馬 者兒得阿忒
黑馬 嘻剌阿忒
棗騮 茄葉兒阿忒
蜘蛛 斡里脉真
螻蟻 諸麦立

宮室門

皇城 罕把里
金門 奄里吞嘻卜
宮殿 斡尔多
御橋 罕簬補祿
御路 罕院力塔
金牌 奄里吞勞黑
寶座 額兒迭泥散塔里
金臺 奄里吞
門扇 嘻卜嘻勒哈
帳房 乂赤兒
氈房 乂若剌孫威
館驛 呀奄保里思

街市	把雜兒
溝渠	阿力
門	嗜卜
方隅門	
東	昆赤黑的
北	帖邊
前	以力革力
外	塔沉得
明白	啞祿
通用門	
厚	嗜林

房屋	威
寺	卜忒威
西	昆把習的
上	五思吞
後	遣卯
左	啞沉哲卜
顛倒	帕思苦納
薄	與僕哈納

墻壁	炭
樓	也的只威
南	昆秃失的
下	阿思听
內	以沉得
右	不撒力
零碎	褚卜乂乂兒
緊	霸忒

[illegible] 六十一 貞節堂袁氏鈔本

慢 阿思塔
長 五遵
硬 嚐惕
平 替紫
無 約
虛 啞干兒 苦魯昔
淺 啞必子
斜 也雞兒
匾 阿習
認 塔泥
立 秃兒

寬 强
短 克思哈
新 陽
滿 脫亦的
難 杜失瓦兒
實 慎刺思的
横 阿秃哭兒
直 鼎杜兒故
添 與習帖
丢 塔刺的
坐 斡里朵兒

窄 塔兒
軟 允沙
舊 也習乞
有 覇兒
易 翁愛
深 帖浪
竪 土兒瓦子
圓 兩麻刺
減 赤哈兒
討 休列都兒
進 乞兒

退 遣印
放 塊
好 阿黑赤
遠 亦剌
少 阿子
樓 豁禿兒
不是 也麦思
那里 奄塔
聰明 薛禪藉列克
智謀 阿艮礼塔藍

珍寶門

過 越兒的
數 撒納兒
高 也的子
近 阿根
大 五魯
莫 撒剌
不好 啞麻泥
太平 阿麻安
爽利 阿力克
安樂 阿塞亦失

出 赤黑
是 也祿兒
低 啞必子
多 脫羅
小 乞赤
請 引迭
這里 們塔
無事 亦失約
德行 母兒外忒
無妨 卜兒馬失

金 奄里吞
玉 哈失
珊瑚 麻兒扎安
鑌鐵 普剌
珊瑚珠 麻兒扎安卜禄兒
金壺 奄里吞郎合
銅 哲系把額
鐵 帖木兒

聲色門

紅 格即兒
白 阿克

銀 苦蠻失
珠 允柱卜魯兒
瑪瑙 阿黑黑
琥珀 若乞
金耳鐶 奄里吞洗兒噶
金索 奄里吞臻執兒
錫 豁兒噶順
黃 撒力
黑 噶剌

寶 額兒迭泥
錢 啞兒麻
金剛鑽 阿思馬思
魚牙 把力惕失
金戒指 奄里吞興卒
銀筯 苦蠻失趕乞
鉛 噶剌豁兒噶順
青 闊：
綠 啞甚

紫 亦補歆
顏色 公祿克
數目門 一
一 必兒
四 啞兒
七 也惕
十 灣
四十 黑兒
七十 也惕蜜失
百 玉子
萬 禿克土慢

藍 蔣嚕力
花名 扯ミ克
二 以允
五 別失
八 寫乞子
二十 以及兒蜜
五十 眼力克
八十 寫乞線
千 命
一分 必兒分

大紅 阿勒五魯克卽兒
五綠 別失郎吉土兒律
三 玉除
六 阿兒惕
九 脫哭子
三十 我脫子
六十 阿兒惕蜜失
九十 脫克線
萬 土慢
一錢 必兒米思哈

一兩　必兒哈兒
一丈　以乞苦剌赤
單　他克
綢　苦欲
數　撒納

一斤　必兒把惕慢
輕　養額兒
雙　柱卜
幾　鼎轍
終　阜習的

十兩　灣哈兒
重　阿額兒
稀　速欲
半　啞吝

河西

天文門

天	吉達麻
星	怯
雲	卜尔
霜	卜剌
霞	果莫
日	的
斗	乞石
雷	喇乞
雪	柏荅
露	設基
月	浪乞
風	多撒
雨	谷
霧	絡

地理門

地	他則
江	紅犯
海	汪洋
山	希
湖	苦獨
路	含
水	鑾
河	荅
嶺	巴

橋 立骨
市 混
井 都

時令門

春 把吉
冬 思立
晝 盡
熱 草吉

花木門

樹 葉韵
林 格立

澗 查乙
村 聚林者
泉 喇喇
夏 撒奴
年 光
夜 業忽
早 清谷
葉 混麻
麝香 食六

城 設兒
土 兀里
秋 三通
陰陽 乃直
冷 麻祿
晚 石格
花 谷立
大黃 究卜

棗 毒吉
桃 福

鳥獸門

仙鶴 浪革
虎 拍
兔 走
熊 黑兒
驢 黑
駱駝 吾十獨兒

宮室門

宮殿 米浦

梨 蘇木
杏 梅
孔雀 八立
獅子 奴兒
牛 食々
毛牛 代食々
黃鼠 喇蘇
魚 牙把
皇城 察十草

松 孫惕
鎖蔔 母忽々
龍 元
獐 忽木
羊 思
馬 人思
沙狐 主八
御路 邦及

衙門　喇刻
墻　亦

器用門

紙　幅
硯　即墨
刀　乞都阿
箭　奴木
盤　坤
鍋　兒
櫃　傘都

身體門

房　提
窗　合古
墨　鋪
盔　手底
鑪　乃陽
碗　苦
筯　都兒
床　隱奴
扇　把定

門　刻
館驛　管故
筆　兀祖
甲　昔
弓　郭牙
楪　豆子
卓　雨迷尺
帳房　察邪

身 動
面 莫麻
耳 弄
膽 經忽
牙 露
髮 向
腿 浪

人物門

皇帝 母積
父親 凹
弟 六子刻

體 灘
眼 徹
鼻 豆
肝 衣
舌 班
手 雷的
皇后 阿児母積
母親 滅
子 盤

頭 商
口 荅
心 荒
肺 石
鬢 愓
脚 定卜
太子 立奴
兒 不卜刻
女 蘇

貞節堂袁氏鈔本

娘子 撒卜蘇
通事 荅尺

人事門

欽順天道 倘格因牙吉達麻的
聖旨 發麻窩
進貢 人出
立 烏
拜 朝翠
起來 哈兒荅
不要攘 㒵阿莫坤
表裏 卜喇以惕

官人 治必
太醫 脫里
尊待朝廷 矮的苦難加卜
河西國 倘吾的
方物 塔兒惕
好生擺著 結自撒福坤
叩頭 扯窩子及納
這邊來 印圓必牙
潑皮剌害 赤洗大勤卜
領勅 查兒打丹

使臣 治里容
伴當 丁八兒
大明國 我喇都
明日朝廷 法他哈那丹喇替
入朝 麦丹加兒
鞠躬 班忽
跪 客納兒
那邊去 翁送荅納
賞賜 塞禄兒
分付 荅買吾

領賞　法他迭米禿

謝恩　感瓜石

求討　格兒列

買賣　忽兒八思

廩給　吴祿法

口粮　打汗

人夫　馬忽

省諭　亞藍

外夷歸服　立答把因文

數目門

一　雷

二　聶

三　梭

四　得

五　莫

六　遲

七　沙内

八　阿兒

九　格

十　哦

十一　哦雷

十二　哦聶

十三　哦梭

十四　哦得

十五　哦莫

十六　哦遲

十七　哦沙内

十八　哦阿兒

十九　哦格

一十　雷哦

二十　聶哦

三十 梭哦
六十 遲哦
九十 格哦
萬 阿鑾

珍寶門

金 客
琥珀 恰兒八
水銀 布洗

衣服門

段 線
西洋布 哈麻立

四十 得哦
七十 沙內哦
百 一兒記
銀 獨
水晶 孛專
錫 利亦
羅 紅
圓領 吉光

五十 莫哦
八十 阿兒哦
千 獨多
珎珠 迷卜
瑪瑙 阿皆亦
鐵 阿々
布 習
紗帽 他納

帶 各木
褥 冷骨
襪 哈占

飲饌門

酒飯 烏吃納
肉 吃不納
燒餅 乃尚蔑
醋 克頻

顏色門

黃 底把
白 洸的

絹 乞卜
靴 揉胡
筵宴 脫脫
湯 卜蘇
油 即蘇
紅 速獨

被 裎皮
鞋 散根
下程 吴法
酥油 失古脫
塩 荅利
青 楊客

方隅門

東　貿
北　薩兒

通用門

遠　常卜
送　滿列卯
行　安十納
富　好顏
大　忽
活　運

南　梩民
近　帖
来　底納
坐　溫十納
誠實　寔到
小　恰

西　卜
迎　禿胡
去　十納
貧　法
聰明　光故
死　莫

回回

天文

天　阿思忙
雨　把郎
星　洗塔勒
露　捨卜喃
雹　也黒撒
煙　都的
月蝕　虎蘇伏
日出　阿伏他卜白剌黙丹
煙息　都的阿剌米丹

雲　阿卜兒
日　阿伏他卜
風　巴的
霧　五色兒
雷　白兒草
天河　黙只力
天陰　體勒亦阿思忙
月落　媽誂伏羅勒伏貪
星移　洗塔勒亦那革力

電　勒阿得
月　媽誂 音黒
霜　僕失克
雪　白兒伏
虹　高思
日蝕　苦蘇伏
天晴　阿思媽匿撒伏
氷凍　葉照伏速兒丹
風吹　得米得匿巴得

地理

地 則民
庄 擺杭
村 底刻
里 買勒
墻 楪窒兒
園 巴里子
水 阿卜
海 得兒子
池 蒿子
岸 勒必卓亦

土 哈克
市 巴咱兒
野 必啞邪
橋 僕力
籬 忒瓦兒
江 的只力
石 桒草
湖 魯的
浪 毛只
沙 列克

田 即剌阿剔
井 插謊
路 剌黑
程 法兒桒草
林 振革力
山 科謊
河 卓亦
泉 扯失黙
洞 阿兒
泥 吉力

山頂	滚勒
山嶺	阿襪白
山峰	即兒外
山水	塞剌卜
水流	阿必勒往
水深	阿必毋阿克
水淺	阿必迍了卜
水路	剌吸白哈兒
旱路	剌吸拜六
遠路	剌吸都兒
御路	僾謊剌黑
御橋	僕力僾布
花園	跛思湯
菓園	巴額
城墻	黑撒兒
城濠	罕得苲
地方	底了兒
世界	者杭
六合	舍失者謊剔
中國	癡音
北京	罕把力額
南京	喃台
外國	滿勒克剔（剔昂魯音）
西域	撒剌葉剔

節令

春	白哈兒
夏	塔必思湯
秋	體兒嫣謊
冬	即米思湯
時	撒阿剔
年	撒力

七十 貞節堂袁氏鈔本

日 羅子
晚 商蜜
熱 革林
古 革底蜜
今日 因羅子
每日 謔兒羅子
來月 媽吸阿濵得
月外 媽吸乩魯音
舊年 撒力顆謔捏
明年 撒力阿濵得
百年 塞得撒力

夜 合卜
更 把思
寒 塞兒媽
今 阿苦奴音
明日 法兒荅
幾日 諂得子
月初 塞力媽謔
月盡 媽吸忒媽窓
今年 因撒力
一年 葉克撒力
千年 謔咱兒撒力

早 塞巴黑
冷 塞兒得
暖 革兒媽
昨日 底捏
後日 拍思法兒荅
今月 因媽謔
月裏 媽吸阿濵荅 媽吸奄得兒
先年 撒力撒夬音
每年 謔兒撒力
十年 得謔撒力
萬年 得謔謔咱兒力

壽歲　瓦毋兒
麝香　木失克
甘松　莧卜力
檳榔　付犯力
大黃　列彎的
大麥　招
西瓜　忒兒卜子

花木

樹　得勒黒忒
草　阿勒伏
菓　塞卜即

沈香　烏的忒噶必
雲香　毋思忒欺
片腦　噶失兒
阿魏　昂古則
硫黃　果吉得
葫蘆　克都
甜瓜　海兒卜子
木　捌卜
香　波亦
柴　歇尊

乳香　苦日
丁香　草藍伏力
豆蔻　招子卜窒
硇砂　腦僂的兒
毒藥　則謔兒
蘿蔔　秃兒卜
王瓜　巴得郎草
花　谷力
竹　奶
葱　痞了子

茄	把頂剛
韭	砍得那
豆	巴草力
李	阿魯
梨	母魯的
栗子	舍虩白魯忒
蓮子	秃黑密朶魯法兒
石榴	何那兒
蓮藕	朶魯法兒
良薑	好林張
柳樹	得勒黑剔乩的
薑	哈者比力
米	土飢
菓	乜窩
桃	舍伏塔魯
葡萄	昂孤兒
榛子	粉得草
柿子	罕力蜜亦乩都的
番棗	虎兒媽
花椒	粉力糞力黑塔亦
烏木	阿卜奴思
松樹	得勒黑剔塞兒微
蒜	西兒
麦	趕敦
棗	尺卜昂
杏	則兒荅魯
核桃	叉兒默顏子
榧子	振力五勒
橘子	土林只
甘蔗	主剌卜
胡椒	粉力糞力
蘇木	白干
根	乩黑

枝 俊黑
葉 白兒革
子 秃恨

皮 坡思忒
胡蘿蔔 革則兒
阿蓍 阿伏欲音

番紅花 則阿伏郎
薔薇花 古剌卜
白檀香 撒得力

降真香 克里克
伽南香 克藍白克
龍涎香 奄白兒阿失諕白

銷葡萄 黙都子

鳥獸

龍 阿日得兒
虎 珀郎革
獅 賒兒

象 批力
熊 黑兒恩
狼 谷兒革

狐 羅巴
豹 都子
猴 罕都乃

麝 阿乎
鹿 革外子
兔 諕兒鍋失

馬 阿思卜
牛 嘎兀
羊 果思畨的

驢	虢思
狗	塞棫
鼠	木失
魚	馬希
雞	木兒額
雁	塞外兒
海青	傻虢巴子
鳳凰	洗木兒額
野雞	忒得兒微
烏鴉	咱額
銀鼠	阿思
騾	阿思忒兒
駝	兀失禿兒
蛇	媽兒
蟹	塞兒湯
鵞	嘎子
鷹	巴子
仙鶴	兀嘎兒
孔雀	塔兀思
喜鵲	阿克
老鸛	勒革勒革
青鼠	忒音
猪	孚克
猫	古兒白
蟒	那杭革
龜	桑吉僕失的
鴨	白忒
鵰	六黑
鷺鷥	土推
天鵞	阿兒只
鷀鸕	若郎革
黃鼠	剌速
豹鼠	茄失

山羊 忒革
犛牛 克勒克
騸馬 阿黑忒
西馬 塔郎

宮室

房 哈捏
倉 奄巴兒
階 卜額捏
朝廷 巴兒嗄
衙門 楪窒音
舖面 覩康

黃羊 乃黑炎兒
牛犢 果撒勒
騍馬 馬的洋
達馬 阿思必印惡力
殿 科失克
窓 得裏徹
柱 速通
金闕 阿思塔乃亦孛力音
館驛 了察

羊羔 擺勒
兒馬 躁額兒
馬駒 苦勒
金錢豹 都子法兒
庫 謊郎捏
簷 巴察
梁 巴剌兒
丹墀 叱撒音
關口 得哈捏

七十三 貞節堂袁氏鈔本

器用

鼓 都忽力
砲 乘吉滿者你草
鎗 乃則
甲 招氊
斧 忒白兒
匜 乃默得即音
鑾 洸他塞
鍬 迡兒墩
櫃 散都草
桌 濕勒

鑼 退失忒
弓 克忙
刀 噶兒得
劍 貼額
弦 即虩
鞊 主那草
韁 奚囊
鞭 塔即了捏
床 忒黑忒
凳 散得力

旗 阿藍
箭 梯兒
盔 孚的
鞋 鎖杭
鞍 即音
鐙 黑噶卜
繩 勒三
車 克兒束
椅 苦兒西
秤 忒剌卒

尺 草孛
碗 噶塞
楪 忒白革徹
鍋 荅克
匙 克卜徹
鋤 克藍得
鑰 克里得
被 草咱安的
席 踱力丫
扇 巴的徹鑽
筆 草藍

升 排馬捏
盞 扎忽
壺 速剌黑
盆 勒貪
甕 乎塞
犂 阿媽只
剪 都噶兒得
礡 必思忒兒
鐔 幾里塞
紙 噶顏子
硯 覩葉剔

斗 苦力
盤 忒白革
罐 顆則
杓 諂徹
桶 旦力兀
鎖 谷伏力
線 里失忒
枕 巴力失
傘 徹忒兒
墨 流啞希
天平 米蔵

湯瓶 阿伏地白
香爐 米只黙兒
酌鋌 労黑
弓袋 欺失
主簿 魯剛
鏽鐵鏡 阿以乃亦潑剌的

人物

君 僂號
吏 你徵散得
人 克思
叔 阿黙克

鉢盂 苦只枯刀
火炉 忒奴兒
尖刀 閃濕兒
箭袋 谷兒洋
肚帶 節兒湯苹
鐵脚皮 忒草
王 筭刀湯
軍 勒失克失
父 柏得兒
伯 阿黙克克克良

刷牙 米思窣克
燈盞 扯剌額當
邊鼓 吞卜兒
撥弦 節號飢兒
眼鏡 踒乃克
魚牙刀 得思忒亦膽荅你馬希
官 迷兒
民 勒矣葉剔
母 馬得兒
姑 奄黙

兄　打得兒
妹　草謔兒忽兒得
男　黙兒得
孫　乃比勒
你　秃
誰　乞
大臣　我即兒
使臣　引力尺
奴僕　五良
天皇后　黙里克

人事

弟　比剌則兒
夫　朔亦
女　朶黒忒兒
親　黒失
我　蠻
太子　倰謔咱得
通事　克力黙尺
娘子　哈呑
獵人　賽亇的
富貴人　倘草兒

姐　草謔兒
婦　襖勒忒
子　法兒鑚得
友　亇兒
他　歪
揔兵　洗僕謔撒剌兒
頭目　塞兒外兒
亇鬟　克你則克
天皇帝　圮的倰
艱難人　法裓兒

来 阿黙丹
入 得剌黙丹
坐 你失思貪
跑 哨奴則丹
見 底丹
有 號思忒
還 塔汪
言 塞洪
允 以扎則剔
多 白的
喜 僾的

去 勒伏貪
行 勒汪
卧 虎伏貪
拜 拍勒思体丹
辭 微荅阿
無 呆思忒
問 僕兒洗丹
說 谷伏貪
聽 凬你丹
望 兀也的
笑 罕底丹

出 白剌黙丹
走 得微丹
站 亦思他丹
起 白尔哈思貪
回 白兒革失貪
借 阿力葉剔
荅 者窒卜
知 打他思貪
好 或失
成 豈法葉剔
罢 幾里思貪

愁 安
改悔 討白克兒丹
公道 阿的力
買賣 掃答
進貢 克失丹
賞賜 忒失里伏
引頭 撒失克兒丹
上御路 勒伏忒匿傻琥剌琥
叩頭 塞兒則丹

身體

頭 塞兒

羞 舍藍
懶惰 嘈漢力
看守 你嘎琥打失貪
和好 毋窒撤
方物 古馬傻剔
省諭 阿嘈
見朝 底荅兒妃的傻
排班 塞伏幾力伏貪
謝恩 傻的巴失

眼 撤深

怕 忒兒洗丹
勤謹 只都者琥的
安寧 阿忙
投降 引祇了的
求討 華忽貪
領賞 幾力伏忒匿忒 失里伏
過御橋 古得失忒匿傑 力傻帝
鞠躬 魯苦阿
平身 忒匿剌思忒

耳 鍋夾

七十六 貞節堂袁氏鈔本

鼻 比匿
口 得杭
舌 則邦
唇 勒卜
齒 膳當
面 羅亦
額 撒倭你
項 砍勒
眉 阿卜羅
髮 抹亦
鬚 里失
身 會
背 僕失忒
胷 洗捏
腹 失看
脇 白額力
腰 米洋
臍 那伏
手 得思忒
腿 即音
腳 叱亦

衣服

布 克兒巴思
絹 土兒姑
段 忒室兒
錦 克梯
裙 咽班得
襖 都兒額
袴 以咱兒
襪 乃抹的則
靴 抹則

鞋　克伏失
帽　苦剌號
帶　克黙兒
手巾　付忒
手帕　羅亦媽力
帳幔　拍兒得
梭甫　蘇付
鐠鑥　黙伏土力
剪絨　黙黒黙力
法衣　法兒只
圓領　幾列那吉兒吉
蟒衣　扎黙亦那杭革
飛魚　扎黙亦媽吸拍藍得
表裏　阿卜勒阿思忒兒
綵段　頃花
錦綉　阿忒勒思
撒哈剌　塞敢剌忒
花手巾　付忒亦谷力
束腰巾　班得米丫揑
西洋布　克兒巴思微剌葉剔
纏頭布　得思他兒

飲饌

茶　叉
飯　阿失
酒　捨剌卜
肉　鍋失忒
俸　黙兒松
粮　奄勒
糖　捨克兒
麪　阿兒得
油　羅安

乳	濕兒
湯	朔兒巳
鹹	朔兒
甜	濕林
食	火兒丹
口渴	忒失乃
下程	五魯沫
乾淨	把乞則

珍寶

金	剛兒
鐵	阿寒
酪	主額剌忒
鹽	乃黙克
酸	土六失
淡	別黙則
飲	懦失丹
肚餓	古兒思乃
酒飯	阿失捨剌卜
齷齪	拍里得
銀	奴革勒
錫	阿兒即子
餐	阿撒力
醋	洗兒克
苦	忒力黑
煮	卓失丹
臭	趕得
行粮	哨得剌黑勒
筵宴	陀亦
銅	密思
鉛	速兒卜

玉石 葉深
珊瑚 黙兒張
珍珠 黙兒窒力得
金剛鑽 奄力媽思

文史

詩 那尊
字 哈兒伏
印信 鐔阿
名字 那密

聲色

白 洗撒的

瑪瑙 者則阿
水晶 阿卜幾担
水銀 洗媽卜
夾玉石 葉深白桒祓哈勒
書 乞他卜
聖旨 法兒忙
來文 亦兒撒力那黙
青 克卜的

琥珀 顆諕則巴
猫睛 睦乃力吸兒
鑌鐵 潑剌的
梧桐鹹 秃額剌兀
文 奚巴勒忒
勅書 黒他卜那黙
封記 莫諕兒
紅 速兒黒

黄 則兒得	黑 洗了謔	綠 塞卜子
紫 哪克	藍 藏嘎力	光素 擻得
花樣 谷力窒兒	顏色 郎草	淺淡 別郎草
般數 奄力汪		

數目

一 葉克	二 都	三 梦
四 扯哈兒	五 潘只	六 舍失
七 謔伏忒	八 謔夹忒	九 那謔
十 得謔	二十 必思忒	三十 西
四十 尺欣力	五十 潘扎	六十 舍思惕
七十 謔伏他的	八十 謔夹他的	九十 乃外的

百 塞的	千 謊咱兒	萬 得謊謊咱兒
多 必思了兒	少 奄得克	莫 黑撒卜
數 暑媽兒	單 法兒得	雙 住伏忒
總 點只毋阿		

通用

左 徹卜	右 剌思忒	前 撒失
後 珀思	中 米洋	内 奄得龍
外 乱龍	實 哈袱草忒	虛 體希
高 白藍的	低 珀思忒	平 剌思梯
上 把剌	下 樓兒	東 黙失力草
南 者奴卜	西 黙顛力卜	北 失媽力

大 克蘭
重 革郎
寬 法剌黑
細 巴列克
添 即了得忒
慢 阿吸思忒
是 阿列
舊 科謊兒捏
易 阿桑音
現 排荅
請 忒勒比丹

小 忽兒得
歪 那剌思忒
狹 湯革
横 珀寒
減 看
空 哈里
非 呆
同 白剌白兒
難 覩失窒兒
洗 暑思貪
換 白得力

輕 塞卜克
斜 克日
麗 覩六失忒
豎 土力
緊 卒的
滿 僕兒
新 惱
異 底革兒
藏 珀乃哈
揩 馬里丹
做 撒黑貪

這里 因扎
太平 阿忙
一定 奄力拜忒
可矣 乜捨外的

那里 昂扎
知道 打你思貪
憐憫 勒限克兒丹
怨罪 默阿卒兒

若是 阿草兒
造化 忒草底兒
將就 巴失克克兒丹
了畢 忒馬惢

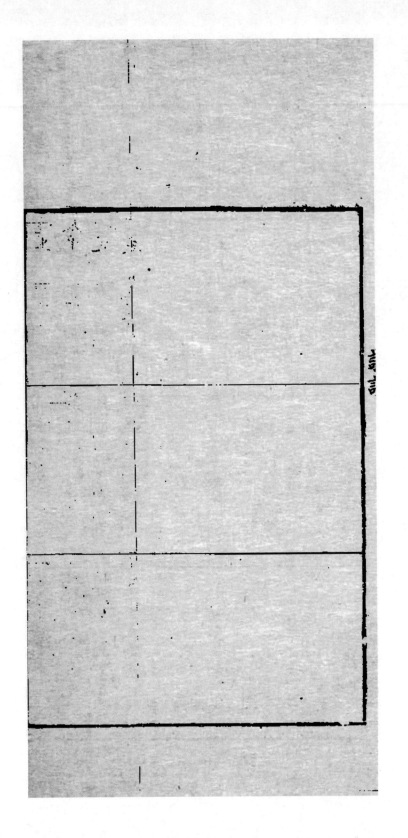

太尉之印

宣光元年十一月日

中書禮部造

八十一

貞節堂袁氏鈔本

袖海編

袖海編

一卷

〔清〕汪鵬 撰

清道光吴江沈氏世楷堂刊《昭代叢書》本

袖海編

續編卷第二十九

錢塘汪　鵬翼滄著

東坡云我持此石歸袖中有東海眞得詩家三昧余客東瀛寓居山館巖壑在望雲煙滿目而跬步不能出僅有抛脊嶽卷滄溟之志是坡所袖者以石爲海予所袖者以海爲石今姑就其所見聞畧爲記識名曰袖海海耶石耶不得而知之矣或曰昔有波斯持寶石入中國其值千萬吾子他日言歸藉得如波斯之所挾持豈非

快事然則探鮫室過屠門其亦斯編之餘緒乎諸同人閱之其時乾隆甲申重九日竹里漫識于日本長崎唐館

唐館外四山環遶煙火萬家紫翠迷離錦紛繡錯海門別開屏障雄奇峭拔軒敞高華如十洲三島可望而不可即允為鉅觀不同凡境

館週遭僅一里有半土垣竹茨如棘闈然庫不滿二十街分三路附而屋者曰棚子庫必有樓棚則惟平屋而已庫製樓數楹舟主及掌財賦者各居其半下

則稍人雜處棚子之構始自搭客稍人之稍豐者別營以居今多架樓頗尚精潔而庫之爲樓俱開拓宏敞添設前後露臺或翼其左右廂廡鋪張與初創時大不侔矣庫屬正辦有官派執役者三人名曰守番棚則無有也

館中宴會極繁交相酧荅有上辦下辦酒有通辦酒有飲福酒有春酒有宴妓酒有淸庫出貨酒尋常醵飲尤多珍錯雜陳燈明燭燦殆無虛日宴妓酒名曰撒羮凡客納妓必盛筵延同館并遍集他妓以歡之

厭厭夜飲不醉無歸真揮霍之鬧都狹邪之壇坫也游長崎者每沉湎于聲色貨利蓋由狐媚惑人抑亦宴安鴆毒每華筵綺席索費中人半載之產殘買笑傾囊奚止寒士數年之館穀十千沽酒百萬摴蒱習俗成風恬不知怪信乎其有換心山落魂橋之說也昔閩中諸葛白巖有詠妓館詩云咫尺章臺勝若耶競批寶鈔闘豪華三分月色千枝櫛一曲陽春幾樹花含笑有人憐碧玉駐顏何處覓丹砂修堂晏坐閒評論謾道冰壺畢絳紗此詩真道其實銅山鐵冶豈

無盡藏不思寶鈔競批丹砂難買迷樓綺陣方且謂老僧四壁畫西廂也言之一歎

妓多聰明慧辯捷于應對工於修飾螓首蛾眉銖衣彩袖最重玳瑁梳一梳有值至百餘金者十四五為妙齡即可應客二十五例得出樓擇配三十成老婦矣客納妓名曰太由（華言大夫也）太由雅善事客惟意所欲趨承悉當茗粥蔬果而外能為謹出入握籌算若將終身焉以此妓風寖盛因而有義妓癡妓亦有驕悍之妓大抵居客館儼然伉儷與客視善者牽無輕

視之贈遺多厚章臺里巷名曰花街走者麗之以樓樓或數十人或十餘人亦有大小之別碧桃湜豔紅蘂紓芳不屑與玫瑰辛夷等也同樓而分客者其情最密餽送往來如女弟兄又恒遣侍婢出館覓名花佳果珍食以媚客客之惑也滋甚故團朱擁翠無吝揮金遺珥墜簪差堪倚醉人非河漢鄉號溫柔昔人詩云誰道五絲能續命却令今日死君家雖有留者恐未能超然欲海脫此樊籠也

長崎七十二街街各有名又曰町硃復近古町有町

長客舟至則一二町主之凡館內器用什物惟町長是問貨之出入亦皆關照舟行時持籌銷算無空缺欺謬之虞客或有事于貨庫梢人數十爲具飧以給雖有微酬其情可感町長即街官也

貨庫距館殊近唐船維纜之後當年司事者示期上辦上辦即以貨貯庫有關驗有揭封揭封者稽其物零星在貨不貨之間另爲封識之以待請給上辦猶曰到辦到辦則耑事此番交易也故曰某辦船又曰某番以年之次第計之如中年首到則爲中一番次到

則爲串二番館內亦以此稱呼本辦所居名曰庫曰清庫司事者與客會集貨庫將上辦所貯貨物一一盤查各爲號記俾無遺失乃將各貨包皮秤明斤兩以便出貨時除算明晰而清楚也曰王取使院擇而有取不在賣額之內曰挿番司事人領本國遠商開庫視貨貨之高低唐山客與商雖覿面都不交談其所事在串串之爲言挿也曰講價通事之官進館集客列坐授以此價文簿評論低昂隨時增減至有競而挿者非一日所能定定則書賣字于貨口之上

蓋以圖記則交易之事粗畢嵜待出貨
每數艘講價已定本國商人咸集于會館看板則知
某貨共有若干其貨之優劣前于挿番時見之矣看
板後各商書其所值之價密封投櫃名曰丟票然後
擇善價而售之不勞較論亦交易之良法也
有使院秩視二千石自日本都會奉使而來嵜司通
商之事帶理崎政一年更代例止三任一仕而已者
多操權極重故通稱曰王家
高木王世職之王而守土者也使院之事高木得協

理之其所理類織造

別島之王均係世襲如古諸侯然以所轄疆土之大

小定祿米之多寡有多至百萬石者

使院所屬之官有年行司通事官有按察大通副通

未席稽古等日有內通頭專供唐館之使令又有家

老用人爲使院贊指上之祭下惟嚴下之事上惟謹

通事官與客會話之所曰公堂具煙茗日必一至元

正則讌客三日名曰撒觥之計猶言請酒也

公堂之外有街官房其爲官三次第入直又有五甲

頭目之皆所以彈壓防禦而通客之款曲凡薪蔬魚米之入必經閱焉客欲市銅漆鑞金等器以及綢紗印花街官成期會於事無爽

客或有正事出館須白於通事通事請之使院使院出批帖定人數至期監使來然後得行通事無正事亦不至客庫

在官職事者腰必插刀雙刀者貴

入館後有宴守番之例樓中陳設肴饌三人者禮服而至舟主爲致爵一一巡皆俛首謝即撤持以去酒一

巨桶篕僎數十給燭另坐空濶處延其同類高歌暢
飲角彩分曹丙夜乃罷酹酢亦近古無縱肆態
有天后宮規制頗宏每逢神誕盛陳供筵張燈設宴
者三日館客集羣妓會飲于此午夜酒闌行歌而返
後有小圃徧蒔名花攤飯之餘日涉成趣
土地祠庭宇稍隘階下有池池上有橋迴以粉垣當
唐館之方面二月二日誕辰一如天后宮之例
觀音堂據峭壁築重臺有小巖龕之觀傍附關帝閣
惜限于地不能展拓臺前竹木陰翳泉聲幽咽令人

有出塵之想泉有六性修洌館中煮茗皆取給焉涓滴耳而傾注不竭良爲勝蹟有亭可容四五十人花時提壺劇飲茶話手談各適其適

閩館內前有敬神演劇之事習梨園者因共構相公廟相公之傳自閩人始舊說爲雷海青而祀以其姓去雨存田稱田相公此雖不可考然以海靑之忠廟食固宜而伶人祖之亦未謬若祀老郎神者卽以老郎神爲唐明皇實惟輕褻甚所不取近因壬午年閒太同類交鬭鳴金聚衆幾致不測自于使院擒而究

之盡出于教習梨園者乃逐其人而毀其廟今盡拓

爲庫基憊海青之不幸也 [illegible]

狐狸廟逼近唐館之左云是狐穴故爲立廟妓家祀

之

港口中流有山如拳俗名換心山貨庫前有橋名落

魂橋言唐人經此則心變魂銷揮金如土矣

長崎一名瓊浦風土甚佳山輝川媚人之聰慧靈敏

不亞中華男女無廢時曠職其教頗有方斯民也三

代之所以直道而行也何使明周官之禮習孔氏之

書大體以明彝倫增秩事與政修何多讓焉
席地而坐通國皆然有及階及席之風屋內徧鋪毯
蹈眠客至無拱揖之煩坐定主人則以煙盤置客前
聽客自取盤列火爐煙盒唾壺各一呼煙爲淡巴菰
煙筒爲幾世留一室中恒列數架人各授一飲食之
具如古俎豆槃匜皆著腳如几高廣各尺許酒爐製
作輕簡銅表錫裏以木架承之下二層貯各種器具
名曰便道又有郊游所攜者一具四器描金間彩製
作甚精內盛食物名曰受百菓茶甌如盂金彩青花

不等磁質甚輕下用空心木托盤捧而送客甌頗大而斟茶止二三分酒盃如中國之茶碗蓋斟必十分淋漓而止少則爲不敬也行酒必主人先飲而后酌客食不同器器不互用六耳不謀事戶外二屨不入東而爲尊有所使令則拍手代呼聞聲而應賦性和緩雖甚怒無疾言遽色

屋內畧無器具陳設仕宦之家間有曲几繞身形如扇面類道教三清像所憑者書架如粧臺攤書其上席地而觀如對鏡然衣服皆寬博交紝袖廣二尺餘

長僅及肘以織成棋盤紋或綵條布爲之亦有素袖綿紗繪印成文者男女皆作豎領無鈕無帶腰圍濶幅長丈餘寬六七寸冬則裝綿夏以夾層布帛爲之名曰腰邊胸次將前襟撈起煙包紙袋刀剪梳篦之屬盡納其中臥具無牀榻被褥席地而臥別有寢衣夏則單布等身以輕疎苧布爲蚊帳冬則長一身有半裝以厚綿臥無定所但用六幅短屏障之卽別內外矣頭以四寸許木枕監枕腦後枕名麻姑喇耳不著實故其聽也較華人稍聰

女子悅其所私用針刺手指背以墨點之爲記念若閭人多者則十指纍然矣男女俱不剃胎髮男至長成將頂髮削去只留兩鬢及腦後者總梳一角髻以蠟油用白紙撚紮之惟醫人替者留髮如闍黎

死人無棺槨殯殮用一木桶將屍趺坐其中實以藿香翌日而葬貴賤一體子若婦僅守孝二十五日送死之事畢矣

先育女而晚得子者即納婿爲長子幼子則爲孫矣

舉一二子者必繼出其一二以故同胞而不與姓者頗

爲難得

五倫中惟君臣主僕之義最嚴其他則蔑如也

崎人服藥每味不過一二分至三四分爲重劑矣蓋口腹之奉甚薄故少疾病而多豐厚情慾之竇早開則多夭折而鮮壽考年登六十卽爲上壽不聞有耄耋者

日本爲海東富强之國長崎孤島爲海隅素稱窮島然貧窶者絕少每家資十萬夜懸一燈于門倍者燈亦倍之以示無敢私有之意

唐船而外有紅毛船來販定例二艘七月下旬到港
九月下旬返棹信風來去不違時日其舟主名嚊必
丹即本國之官今歲到者來歲押船歸國遞相更替
其館舍亦壯麗可觀紅毛故奉日本正朔者年例春
正至都會入覲四月返崎貢獻惟虔賜予亦厚

唐山書籍歷年帶來頗夥東人好事者不惜重價購
買什襲而藏每至汗牛充棟然多不解誦讀如商彝
漢鼎徒知矜尚而無適用也

國無制舉故不尚文學間有一二束修自愛者亦頗

能讀聖賢書博通經史學中華所爲韻語古作之類如和泉王家者頗知寶貴宋元人妙翰每向客求得其一二件珍如珙璧又有松延年林梅卿椰德夫皆淵雅絶俗外此如蘭京先生集暨僧昨非集皆裒然成帙所爲詩頗倣唐音無宋元澆薄氣又平子行號三思善行草書殊近香光一路

日本貢墨最佳其官工爲古梅園和泉椽世製貢墨以南山向陽松枝取煙用鹿骨膠製成其質輕而細其色黑而漆其式倣古不下數十百種有墨譜班班

可攷彼國尋常人亦不易得即得亦不敢用
聖廟之建自康熙五十年間始釋奠視中華俎豆儀
文畧如其制有司鐸之官稱爲聖廟先生年例仲春
上丁唐人詣廟致祭司鐸者爲具酒饌以供殿庭不
廣而規模整肅門前淵水一道環繞西流朝向坐山
天成格局東國遠夷能知敬仰若是客或攜書而至
者必由司鐸檢閱然後發還恐溷天主教邪書故耳
天主教化人昔以其教行于東國東人惑焉舉國若
狂有潢池之思後事發揚帆將逝覺而追之從者過

半矣乃以矢石夯擊盡殲其類今永禁化人唐山船至例有讀告示踏銅板二事告示中大畧敘天主邪說之非煽人之巧恐船中或有挾帶而來丁寧至再銅板則以銅鑄天主像踐履之以示擯也唐館即天主堂舊址名十善寺

九使廟規模宏壯典禮尊隆或曰其神福州人林姓祀不知所自始道家主之其品級與鎮府同唐館有香火例金年請看花一次

唐館香火有三大寺曰興福崇福福濟皆唐山僧主

之江浙人則隸興福福州則隸崇福漳泉則隸福濟凡有建醮酬愿及天后聖誕例得遊覽竟日亦有看花之請此外有大德大光正覺宏濟淸水妙相竹林靈源諸寺不下二十餘處皆占勝地修靜絶塵花木幽深不聞雞犬片石孤雲了無心中過之長廊曲榭多據迴峰及磴松門別開野色誠欲界仙都爲海門增圖畫者也

館之對岸爲稻佐山有悟眞寺亦選勝道場也寺後平原數十畝昔唐人捐金購得爲瘞旅之所久而荒

廢歲甲戌茗溪錢君惠時來嵜首劍善虞乃航海遊石將欲築壇建塔旋因謝世不果後爲同事繼成其志凡稍入同侶之死無所歸者悉槀葬于此各爲立石標識登之簿籍春秋祭掃無失其時視北邨荒塚反不致痛若拔寺僧每年植名菊百餘本花時具齋觴客臨軒一賞之後即任其所愛者分送攜歸殊爲韻事

有山日半升山相傳鄭成功幼時其母亡入日本後以樓船數百艘來訪無從識認但以烏牙爲記于時

崎之婦女乃盡染其齒大索三日不得臨行之際示其威武架大砲攻山山震去其半崎人服焉今多劫火痕如懸釜覆甑草木與他山亦差異

花街妓女所居曼聲善歌弓腰善舞杜牧詩云百寶桃腰帶真珠絡臂精笑時花近眼舞罷錦纏頭蓋謂是也本國富商大賈恒爲傾動其入唐館也什之一耳進館者以巾刻點名出亦如之名曰應辦予有詩云紅綃隊隊雨絲絲斜挽烏雲應辦時蜀錦尚嫌花樣拙別將金片綉羅襦

從館內望四山遍近仄徑參差衡宇褰雲田疇入繪冬樹不凋春煙如織田或三熟或兩熟所產旱稻米極佳麥性温和視江浙閩廣爲優大抵耕種以時鮮所牴之苦蔬菜亦如之地豐土沃而人煙輻輳商販叢集因不足以取給惟恃他島協濟轉輸之際是在有司耳

雪無片片下錚然有聲而不沾衣迨滿山皆瓊瑤則寒甚矣

四時晷暖雨不以時無雨則東風隨至毛詩云其雨

其雨杲杲出日似爲此方詠

傳聞日本之俗有喪事則斷酒肉今以所見槩言之肉食者絶少人嗜清淡愛鮮潔鴨肥雞劣猪羊類中華而較瘦鹿肉微爛山雀之屬最佳種類亦繁

菜有白菜青菜蓬蒿菜諸葛菜波菜莧菜芥菜蘿蔔葱蒜韮薤閩蔬中華所有者悉有惟蘿蔔爲最佳

水族有金絲魚黄山魚鸚哥魚鯧魚帶魚馬交比目烏賊鯀魚鰒魚蚶子蠣房江鰩柱車螯蛤蜊淡菜龜腳龍蝦海參魚翅海帶石花等物皆産鹹水中抵貨

大中國惟海參魚翅鰒魚海帶鯀魚牛毛菜又有戛子魚段而乾之是爲上產近亦抵貨

溪河山澗中則產鯽魚鰻魚甲魚小白魚螃蠏對蝦之屬較中國無異小白魚名玉釘魚長不盈寸細膩甘美入口即化子月始生經春則不堪食矣玉釘之名亦新因并記之

四時之花無所不有牡丹芍藥櫻桃桂花菊花均在遊賞之列惟山茶杜鵑櫻桃爲更佳櫻桃較西府海棠色稍淡實中土所未見者花時微綴翠葉如積雪

披霞嬌而不豔別有一種清皎之態但花而不實另有單瓣結子者

所當食時果梅杏梨柿林檎百合橘柚黃柑數種最佳桃李如木只堪糟脯栗大而味淡藕細而性硬楊梅櫻桃僅如鈕珠大然甜而不酸地土使然也

盆玩中五針松極佳中國恒購取不得其勢蟠曲離奇有獅蹲豹伏之象然皆矯揉以成失其自然之致

又楓樹種類甚蕃有紫葉艾葉錦邊五角七角九角之別其餘櫻桃九子梅亦皆可觀九子梅紅花千瓣

一蔕九子四五實者恒有多則不能長大矣

長崎多大鷹攫魚而食又鴉之大如鵞飛恒百十爲羣無所驚懼其止瞯人屋宇下如故常棲宿之處祝雞翁多患之將夫方窂彀偶一不檢即奪攣而去予向在金壇每見羣飛蔽天惡聲盈耳以爲莫此爲甚今覩其鉅且夥者若固然于此可以悟鮑魚之肆矣

昭代叢書

戊集續編

卷第二十九　末

世楷堂藏板

袖海編跋

長崎爲日本西南境距其東都尚三千里中華市舶咸萃聚其地而紀載闕如今得是編海國爲不寂寞矣是編爲汪君手稿余鈔從知不足齋鮑丈以文蓋以文彙刊叢書中孝經論語兩傳疏皆屬汪君自彼中購歸者也丙午正月望日震澤楊復吉識

孫中梓爰琴校字

昭代叢書

戊集 補海編跋

卷第二十九

七

世楷堂

藏板